SOMMAIRE

Ce cahier d'activités pour enfant est composé de six grandes parties de jeux ordonnées ainsi :

1. Sudokus avec solution de chaque grille en fin de partie du jeu
2. Mots mêlés avec les réponses à la fin de la section
3. Labyrinthes avec la résolution de chaque grille à la fin de la partie
4. Des quiz de mots croisés avec la réponse de chaque grille à la fin de cette section
5. Le jeu de morpion ou le tic-tac-toe qui se joue à deux
6. Et enfin des coloriages mandalas animaux à la fin du cahier d'activités

Amuses - toi bien !

SUDOKU

Le sudoku est un jeu qui consiste à remplir la grille avec une série de symbole tous différents, la plupart du temps les symboles sont des chiffres allant de 1 à 9, qui ne se trouvent jamais plus d'une fois sur une même ligne, dans une même colonne ou dans une même région. Les régions étant alors des carrés de 3 × 3.

7		8	9		5		3	2
9	2		3	6	1	8	4	7
3	4	6	7	2	8	5		1
	8	3	4	7	9	1	2	6
4	7	1	6	5	2	3	8	9
2	6		1	8	3	4		5
8	3	7	2	1	6	9	5	4
6	5	2	8	9		7	1	
1	9	4		3	7	2	6	8

7	1	8	9		5		3	2
9	2	5	3	6	1	8	4	7
3	4	6	7	2	8	5		1
5	8	3	4	7	9	1	2	6
4	7	1	6	5	2	3	8	9
2	6	9	1	8	3	4		5
8	3	7	2	1	6	9	5	4
6	5	2	8	9	4	7	1	3
1	9	4	5	3	7	2	6	8

Quelques symboles sont déjà disposés dans la grille, ce qui autorise une résolution progressive du problème complet. Il faut remplir la grille en utilisant les neuf symboles donnés (les chiffres de 1 à 9).

Sur chaque ligne, il ne doit y avoir qu'une seule fois les chiffres de 1 à 9 dans chaque colonne et région (ou carré de 3 par 3). Maintenant, j'ajoute les nombres qui manque dans les différentes régions. Voila la grille de sudoku 9x9 est terminée .

A toi maintenant.

7	1	8	9	4	5	6	3	2
9	2	5	3	6	1	8	4	7
3	4	6	7	2	8	5	9	1
5	8	3	4	7	9	1	2	6
4	7	1	6	5	2	3	8	9
2	6	9	1	8	3	4	7	5
8	3	7	2	1	6	9	5	4
6	5	2	8	9	4	7	1	3
1	9	4	5	3	7	2	6	8

Mon Cahier d'Activités

MULTI JEUX

Bienvenue dans ton cahier de jeux !

Tu vas pouvoir t'amuser pendant des heures avec ton nouveau méga livre de jeux !

Cahier d'activités pour enfant 7-10 ans

Grille 1 - Très facile

7		8	9		5		3	2
9	2		3	6	1	8	4	7
3	4	6	7	2	8	5		1
	8	3	4	7	9	1	2	6
4	7	1	6	5	2	3	8	9
2	6		1	8	3	4		5
8	3	7	2	1	6	9	5	4
6	5	2	8	9		7	1	
1	9	4		3	7	2	6	8

Grille 2 - Très facile

	9	4		6	5		8	1
8		1	2	9	7	3	6	
6	3	7	1	4	8	5	2	
7	8	5	6	2	9	1	4	3
4	6	3	5	8	1	9	7	2
9	1	2	7	3	4	6	5	8
5	7	8	4	1	3	2	9	
3	2	9	8		6	4		
1	4	6	9	7	2		3	5

Grille 3 - Très facile

7	6	4	8	2	1	5	9	
2	3				5	6	7	8
9	8	5	7	6	3	1		4
3	1		5	7	8	9		2
8	2	7	1	4	9	3	5	6
5	4	9	2	3	6		1	7
4	5	8	6		7		3	9
6	9	2		5		7	8	1
1	7	3	9		2	4		5

Grille 4 - Très facile

	8			6	5	7	3	9
5	9	6	1	3	7	4	2	8
4	3	7	2	9	8	5	1	
7		2	3	5	6	8	9	1
1		9	8		2	3		
3	5	8	7	1	9	2	6	4
6	2	3	9	7		1		5
9	1	4	5	8	3	6	7	2
8		5	6	2	1	9	4	3

Grille 5 - Très facile

2	6	8	5		1	7	4	3
5	3	7	4	6	8	1	2	9
1	9	4	7	3	2		8	5
4	8	1	9	7			6	2
	7	2	6		3	4	5	1
6		3	2	1	4	9	7	8
3	1	5		4	7	2	9	6
8	4	6	1	2		5	3	7
7	2	9		5		8	1	4

Grille 6 - Très facile

8		9	2			1	6	
2	5	3	8	6	1	4	9	7
4	6	1	5	7	9	2	3	8
6		5	3	2	7	9	1	4
9	1	7	6	4	5	8	2	
3	4	2	1	9		5	7	6
	3	6		8	2	7	5	9
5	9	8	7	1	6	3	4	2
7		4		5	3	6	8	1

Grille 7 - Très facile

	4	2	8	1	7	6		9
9	8	1	2	6	5	7		3
5	6		4	9	3	1	8	2
	5	4	6	7	9	2	3	8
7	9	8	1	3	2	4	6	5
2	3	6	5	4	8		1	7
	2	3	9	5	1	8	7	
	1	5	7	2	6	3	9	4
6	7	9	3	8	4	5		1

Grille 8 - Facile

	4	6	8		3	9		2
8	2	9		7	1	6		5
3	1	5	6	2			8	7
5	3			8		1	2	4
4	6		7	3	2	8	5	9
	8	2	5	1	4			6
1	5	4	3	6	7	2	9	8
2	9		1		5		6	3
6	7		2		8	5	4	1

Grille 9 - Facile

		1	6		4			7
	9	7	1	3	8	5	4	6
6	4	8	5	7	9	1	3	
	1	5	9		2	7		3
9		6	3	4	7		5	1
3	7	2		5	1	4	6	9
1		3	4	8		9	7	5
8	5	9	7	1	3	6		4
		4			5	3		8

Grille 10 - Facile

7	8	6		9	2	3		4
4		3	8	6	5			7
5	9	2	7		3	6	1	8
	2	1	6	8	7	4	3	5
	5	8			9	7	2	
	4	7	5	2	1	9	8	6
1	6	9			8	5	4	2
	3	4	2	5			7	9
	7	5	9	1	4		6	3

Grille 11 - Facile

		6		2		3	5	7
7		8	9	1	5	6	4	2
4		5	3	6	7			9
1		9		5	3		7	6
	7	3	6	8	2	1		4
6	4	2	1	7			3	8
3	5	4	2	9	8	7	6	1
	6	7	5		1	9		
2	9	1		3	6	4	8	5

Grille 12 - Facile

5	8	4		2		7	6	9
9	2	3		6	7	1	4	8
	1	7	8		4	2	3	
3	5		2		6	4	7	1
7	4		9	1	3	5	2	
1	6	2	4		5		8	3
2		6	1		8	3		4
4	9			3			5	7
8		5	7	4		6	1	2

Grille 13 - Moyen

1	3	8	4					5
6	5		8	7		1	2	4
4			1			8	3	
				4	2	5		7
5	1		6	8	7			
3	2	7	9			6	4	8
	6	3		9		2	8	1
2	4		7					6
9			2	1		4	7	

Grille 14 - Moyen

9	3			7	5		1	8
	2	1				6		
	6		3	2		9	7	4
		8		6	2	4		7
	5	7	9	1	4		3	6
6				3	8		2	5
5		3	1	9	6		4	2
1	7	6	2		3			
		2		5	7	3	6	

Grille 15 - Moyen

	8		3		4	7	5	9
5	3	7		8	9	2	1	
		1			2			8
			1	4	7			5
7	2	5		9		3	4	1
			2		5		7	6
3	9	6		2			8	7
	7			5		1		3
	5		7		3		9	2

Grille 16 - Difficile

9	1			2	8		4	3
		3	6	1	4	9	8	
			3	9	5	1		
1	8			7		4	3	2
3	4	5	9			7		1
6								9
					1			4
5	6	1			9			8
		4	2	6			1	5

Grille 1

7	1	8	9	4	5	6	3	2
9	2	5	3	6	1	8	4	7
3	4	6	7	2	8	5	9	1
5	8	3	4	7	9	1	2	6
4	7	1	6	5	2	3	8	9
2	6	9	1	8	3	4	7	5
8	3	7	2	1	6	9	5	4
6	5	2	8	9	4	7	1	3
1	9	4	5	3	7	2	6	8

Grille 2

2	9	4	3	6	5	7	8	1
8	5	1	2	9	7	3	6	4
6	3	7	1	4	8	5	2	9
7	8	5	6	2	9	1	4	3
4	6	3	5	8	1	9	7	2
9	1	2	7	3	4	6	5	8
5	7	8	4	1	3	2	9	6
3	2	9	8	5	6	4	1	7
1	4	6	9	7	2	8	3	5

Grille 3

7	6	4	8	2	1	5	9	3
2	3	1	4	9	5	6	7	8
9	8	5	7	6	3	1	2	4
3	1	6	5	7	8	9	4	2
8	2	7	1	4	9	3	5	6
5	4	9	2	3	6	8	1	7
4	5	8	6	1	7	2	3	9
6	9	2	3	5	4	7	8	1
1	7	3	9	8	2	4	6	5

Grille 4

2	8	1	4	6	5	7	3	9
5	9	6	1	3	7	4	2	8
4	3	7	2	9	8	5	1	6
7	4	2	3	5	6	8	9	1
1	6	9	8	4	2	3	5	7
3	5	8	7	1	9	2	6	4
6	2	3	9	7	4	1	8	5
9	1	4	5	8	3	6	7	2
8	7	5	6	2	1	9	4	3

Grille 5

2	6	8	5	9	1	7	4	3
5	3	7	4	6	8	1	2	9
1	9	4	7	3	2	6	8	5
4	8	1	9	7	5	3	6	2
9	7	2	6	8	3	4	5	1
6	5	3	2	1	4	9	7	8
3	1	5	8	4	7	2	9	6
8	4	6	1	2	9	5	3	7
7	2	9	3	5	6	8	1	4

Grille 6

8	7	9	2	3	4	1	6	5
2	5	3	8	6	1	4	9	7
4	6	1	5	7	9	2	3	8
6	8	5	3	2	7	9	1	4
9	1	7	6	4	5	8	2	3
3	4	2	1	9	8	5	7	6
1	3	6	4	8	2	7	5	9
5	9	8	7	1	6	3	4	2
7	2	4	9	5	3	6	8	1

Grille 7

3	4	2	8	1	7	6	5	9
9	8	1	2	6	5	7	4	3
5	6	7	4	9	3	1	8	2
1	5	4	6	7	9	2	3	8
7	9	8	1	3	2	4	6	5
2	3	6	5	4	8	9	1	7
4	2	3	9	5	1	8	7	6
8	1	5	7	2	6	3	9	4
6	7	9	3	8	4	5	2	1

Grille 8

7	4	6	8	5	3	9	1	2
8	2	9	4	7	1	6	3	5
3	1	5	6	2	9	4	8	7
5	3	7	9	8	6	1	2	4
4	6	1	7	3	2	8	5	9
9	8	2	5	1	4	3	7	6
1	5	4	3	6	7	2	9	8
2	9	8	1	4	5	7	6	3
6	7	3	2	9	8	5	4	1

Grille 9

5	3	1	6	2	4	8	9	7
2	9	7	1	3	8	5	4	6
6	4	8	5	7	9	1	3	2
4	1	5	9	6	2	7	8	3
9	8	6	3	4	7	2	5	1
3	7	2	8	5	1	4	6	9
1	2	3	4	8	6	9	7	5
8	5	9	7	1	3	6	2	4
7	6	4	2	9	5	3	1	8

Grille 10

7	8	6	1	9	2	3	5	4
4	1	3	8	6	5	2	9	7
5	9	2	7	4	3	6	1	8
9	2	1	6	8	7	4	3	5
6	5	8	4	3	9	7	2	1
3	4	7	5	2	1	9	8	6
1	6	9	3	7	8	5	4	2
8	3	4	2	5	6	1	7	9
2	7	5	9	1	4	8	6	3

Grille 11

9	1	6	8	2	4	3	5	7
7	3	8	9	1	5	6	4	2
4	2	5	3	6	7	8	1	9
1	8	9	4	5	3	2	7	6
5	7	3	6	8	2	1	9	4
6	4	2	1	7	9	5	3	8
3	5	4	2	9	8	7	6	1
8	6	7	5	4	1	9	2	3
2	9	1	7	3	6	4	8	5

Grille 12

5	8	4	3	2	1	7	6	9
9	2	3	5	6	7	1	4	8
6	1	7	8	9	4	2	3	5
3	5	9	2	8	6	4	7	1
7	4	8	9	1	3	5	2	6
1	6	2	4	7	5	9	8	3
2	7	6	1	5	8	3	9	4
4	9	1	6	3	2	8	5	7
8	3	5	7	4	9	6	1	2

Grille 13

1	3	8	4	2	9	7	6	5
6	5	9	8	7	3	1	2	4
4	7	2	1	6	5	8	3	9
8	9	6	3	4	2	5	1	7
5	1	4	6	8	7	3	9	2
3	2	7	9	5	1	6	4	8
7	6	3	5	9	4	2	8	1
2	4	1	7	3	8	9	5	6
9	8	5	2	1	6	4	7	3

Grille 14

9	3	4	6	7	5	2	1	8
7	2	1	4	8	9	6	5	3
8	6	5	3	2	1	9	7	4
3	1	8	5	6	2	4	9	7
2	5	7	9	1	4	8	3	6
6	4	9	7	3	8	1	2	5
5	8	3	1	9	6	7	4	2
1	7	6	2	4	3	5	8	9
4	9	2	8	5	7	3	6	1

Grille 15

6	8	2	3	1	4	7	5	9
5	3	7	6	8	9	2	1	4
9	4	1	5	7	2	6	3	8
8	6	3	1	4	7	9	2	5
7	2	5	8	9	6	3	4	1
4	1	9	2	3	5	8	7	6
3	9	6	4	2	1	5	8	7
2	7	4	9	5	8	1	6	3
1	5	8	7	6	3	4	9	2

Grille 16

9	1	6	7	2	8	5	4	3
2	5	3	6	1	4	9	8	7
4	7	8	3	9	5	1	2	6
1	8	9	5	7	6	4	3	2
3	4	5	9	8	2	7	6	1
6	2	7	1	4	3	8	5	9
7	3	2	8	5	1	6	9	4
5	6	1	4	3	9	2	7	8
8	9	4	2	6	7	3	1	5

MOTS MÊLÉS

Les mots mêlés sont appelés également « mots cachés » ou encore « mots mélangés » ou « mots secrets ».

Le jeu de mots mêlés consiste à repérer, dans une grille remplie de lettres, des mots donnés dans une liste bien définie, en générale lus dans les deux sens, horizontalement, verticalement et en diagonale dans ce cahier d'activités c'est les deux sens qui vont être considérés.

Ancolie

Anémone

Capucine

Cardinale

Clématite

Colza

Iris

Jacinthe

Jarosse

Jasmin

Singges

```
G I B B O N H B L M K C F T H
A I Z R X O H R Z E C L B A G
N K Z W G B J F J X B Y F M M
T Z N C H I M P A N Z É M A S
Z N S C M O E B K Z P G G R U
I D X D V K F I C B K V M I E
F S C L I I T D X T W K Y N K
G F O E J T O Z M B O N O B O
R L H I V I V N U G F X O Z
S O O J D T M C V H S G Y I L
L F U D S O Q K M M C M L F I
Q G F I D V O X W A J W U I R
L N O L S R E C X C A T V B U
Z T R R M T E G T A S G K B C
P D J W I V I H W Q T M N N N
R H U M O L U T E U K X M T L
P T Q G R H L U I E G X T F S
O X D B O C B E B O I S B G M
I X B A B O U I N C K X R W K
U Y Y X S A K I D K E T K R H
```

Babouin   Bonobo   Chimpanzé
Gibbon   Gorille   Macaque
Ouistiti   Saki   Tamarin
Titi

Epices

```
F R B Q Z L K K N G V W W N C
Y F D B S Z Z U L D Q Z H C Y
W Y T I A H M K Y G W U L Y C
M C A N N E L L E Y D W H A O
S Q X P T K J U C A N I S P R
J A P A J P A U P Q L E C E I
L L G N G O H M I J T N S Z A
E I K E E C T A O E N A F E N
M B I T K Q L J D C T I X K D
O F L H P A J Y C B E D H M R
M W I I I R P W V E Q A I C E
A W A F G I W N R R U B U U F
D R X T M C U R R Y E G T R H
R A A X P A P H X E L U J C J
A R Q A L F U D U U Y V K U J
C X C S G A D B C I W M W M J
C D A U D N Z E O G M S L A U
H X A H M Z N M P U N J B V V
Z C H W D I C C G F G B L W T
E T O Q C P N V M O O H B T Z
```

Ail   Aneth   Anis
Badiane   Cannelle   Cardamome
Coriandre Cumin   Curcuma
Curry

Poissons

```
B F O E G F K D E H E D N U S
H F M L I E R R M P I F E M X
P F V L R I T O È Y U Q M F S
T R D I I H Y A R J O M Y S Z
F P Y U V W U T B M W H F E R
R K J G M N J M M I U M A L E
E V H N X W V B O N I T E N Q
I V S A D E J G Q T N T J N U
L V X I X Y W I J A K M T M I
O U S F P L I E S P A D O N N
C E X T G T R A N C H O I S -
S R A Z Y A X E N G W Q Q Y T
E È P P R C L M X M C M J E I
O I P T O I A N Y V Q J Y Q G
V V G C X G U R O Q I Y O D R
K U Q N V O K P Y H S F S E
Z O D X I Q V N V E K G C J C
A B J Z F N E S M J S M R K K
E X O G K T A E K L H P A Q U
L Z Q A P Q C S E Q Y T N F S
```

Anchois   Anguille   Apogon

Bonite   Bouvière   Brème

Carpe   Escolier   Espadon

Requin-tigre

Fruits

```
L G O V Z O K M A G P H P R N
S B W V L L O J L V O K E C L
J C V J S M V F V N O Z E C L
K J W Q M H O S Z G P C V M A
O N E X M I Y K V V K E A X S
V H V Q W T S V H X V H Q T R
T A A R S Q P P H N J F S Q C
P B Y N F Q G R E N A D E X T
T E O I R E P K T L W T U V I
G B G K A F Y L P G C V Q R C
B Q C R I Q V E Ê G S C È U L
N A K S U U Y C V E Y T Y R
O S V B E T A I H L U Y S P C
P A P K A G U G E T G Q A C A
R N D M W N S T T I I D P W S
X A A I O U A I M Y F T L B C
M N T J O U G N K L Z V Y H R
O A T Q H E P O E N A M I G P
R J E J Q S V T I E F L G F U
D R A Y E N G N Q C V A S Y V
```

Ananas	Avocat	Banane
Datte	Figue	Fraise
Goyave	Grenade	Pastèque
Pêche		

Départements français

```
I  G  U  A  D  E  L  O  U  P  E  E  Y  P  D
G  S  C  M  G  Y  B  S  Y  N  K  H  I  A  X
A  I  Y  O  R  N  C  Y  J  X  B  Q  Y  Q  L
T  J  R  R  R  N  E  F  L  T  J  E  M  Q  S
D  H  Z  O  U  N  I  K  J  K  Y  S  Y  L  A
G  N  U  G  N  X  E  Y  M  U  S  I  I  A  T
C  I  A  X  P  D  T  C  G  I  Y  R  U  T  F
Y  A  Z  J  P  S  E  V  U  V  D  A  F  N  G
M  Y  S  G  Z  O  F  X  Q  Q  F  P  L  A  G
O  U  A  Y  A  M  H  A  B  E  V  L  K  C  T
Z  H  Z  U  U  A  C  T  I  X  C  F  W  H  A
B  V  T  Y  D  W  F  X  D  Q  G  X  A  T  C
A  G  A  A  G  E  W  B  G  I  N  Z  Q  E  H
S  W  L  M  B  U  O  U  R  N  O  H  Q  R  A
-  L  C  B  B  K  U  Z  U  E  R  T  E  V  R
R  H  O  N  H  R  G  Y  A  T  Y  W  F  B  E
H  P  S  I  J  K  T  L  H  F  E  H  A  X  N
I  Q  C  I  S  D  Q  C  E  F  V  X  L  O  T
N  G  X  L  X  E  R  Y  I  J  A  J  L  G  E
U  Z  H  Y  G  B  L  F  L  Z  X  D  F  X  T
```

Aude	Aveyron	Bas-Rhin
Cantal	Charente	Gironde
Guadeloupe	Oise	Orne
Paris		

Oiseaux

```
V V C Y L F U T W S B E G Q V
T A P Z U Q U T H I U C V P A
F N Q C B D C C E B V B G A S
L L I L B O B R N Q M L I O D
A L L H Z K X E O F Y U R N E
M S E O I Z F L C Q K M B O C
A Q K F V Q R G U K A X I I M
N W T E P Z J I A U R S L U L
T G J D V V P A F T A B O P W
R X S O V H Q V A O Y C U Y
O F U Q C C E R O V C I E P I
S B D A R I H K B Q B Y U D B
E X B Q C R G O R F S S W R I
K B Z K K A Y O U U E R B L S
L B N A Y G C L G E F H I R U
H I B O U H M N F T W I M U
A M O D N R A E U I E T H Q G
Y H C H A U G Y X Z E Z E U A
L A Z J H M Q U T C J R B M K
O N I R U Y V B K Q F Z R H J
```

Aigle	Ara	Chouette
Cigogne	Colibri	Faucon
Flamant rose	Hibou	Ibis
Paon		

Fleurs

```
J Z B D O Z O B O U D K D P M
A H J L Y V H L H K P V V G E
S F K H G K A I E E C G R B O
M C C A F A S A B I X Z Q E P
I Z C A T X K R X L S R Y T D
N I Y L R X H G W O M Y S J E
E W A E Z D O S X C P D E S N
H T S S G Y I Y C N K X Z I O
T J D S J R J N M A G I R R M
N Z P O Z C N J A X K Y E I É
I N F R T E S L N L B V L E N
C F F A E C H H Z I E W A I A
A U O J T V R I O G C Y O C J
J R M L I O R E G F A R I O S
J V T J T E M T L S P S J L C
O Z V B A V Y P A G U M J Z N
D Y P S M X R O J X C Y F A W
S M M X É Q D E O G I S C F L
W V W T L B A V S D N Y I P L
O H L K C Z J M T U E Q T B X
```

Ancolie   Anémone   Capucine

Cardinale   Clématite   Colza

Iris   Jacinthe   Jarosse

Jasmin

Fruits de mer

```
W  C  K  D  Z  R  U  H  P  D  K  L  X  J  F
A  Q  R  S  E  I  C  H  E  S  E  M  H  S  V
Z  I  U  E  R  O  N  P  W  B  T  G  J  K  E
S  L  D  I  V  C  S  B  Q  W  S  N  I  L  K
H  T  U  W  O  E  L  M  A  W  U  E  Q  U  C
H  N  C  R  A  F  T  K  S  B  O  B  N  O  G
K  O  N  A  B  G  S  T  Y  A  G  W  Q  O  S
A  C  M  T  L  E  E  L  E  S  N  O  I  T  I
L  S  Q  A  B  M  F  I  E  H  A  N  P  G  B
A  I  M  J  R  F  A  O  J  U  L  A  N  V  Q
N  V  F  E  T  D  Y  R  R  I  S  O  W  A  U
G  P  Y  P  V  O  U  O  S  T  H  J  B  I  H
O  S  L  Z  L  D  U  P  P  R  J  J  P  O  E
U  M  O  U  L  E  S  R  T  E  X  B  E  L  Z
S  C  O  J  O  N  A  S  T  S  G  U  D  M  K
T  L  E  R  T  F  N  E  U  E  U  F  H  R  N
I  F  C  G  Y  C  V  B  M  D  A  V  U  K  C
N  M  M  F  S  Z  U  A  Y  T  Q  U  Z  T  A
E  D  A  N  S  D  V  R  T  J  O  K  X  U  K
X  K  D  V  N  D  O  C  F  H  F  I  Q  T  N
```

Calmars	Crabes	Crevette
Homard	Huitres	Langouste
Langoustine	Moules	Seiches
Tourteaux		

Herbivores

A E Z È B R E Y U U Q S B D N
A D L A T J R G Z V N D I G M
L D N T O G L U H I Z X D W N
W L G P O B Y F M V J Q V U W
M Y F H J G A Z E L L E S N R
L N X I Z T E G V E L F K O O
G I R A F E H D S Y M X K T V
R D W V J R C Z T K O E A U L
T K T L O Y A G Z A H A T O I
Z B S A T P V C N T H A N M P
I U A P L I X S H U I N A H U
A Q U I A E W A I Y Y E H G H
D W T N V F O I Y U A E P C G
V K S O E M D L U R Q M É Y I
P Q R S H C Y M G S C O L Z U
W S U I C D G P E O L K E T P
A Q N B Z G A M O C L O A X I
C K X U R A B S W H M M L D I
E G O W D F H W V A I D T G B
H M L M F D D V H J D G V P W

Ane   Bison   Cheval
Eléphant   Gazelle   Girafe
Lapin   Mouton   Vache
Zèbre

Arbres

```
K V E O P P E A V M G B K Q L
E S X P U W M G X J K I W S Z
B A K D E L T A U B Q O B Y Q
G B R X G S Y V J R Q Z K X B
Z R E E L A A E E J G Y U Y Q
Y I I Q O P J X A Y Z F L V E
X C T B I I O I D D T R R U V
P O O A M N F O C N M T Z Z J
K T P O R M F D A Q F Y C C C
H I A B R J K S V F A Y Z H D
N E S A I D M Z O V S Q M Â T
B R P B F V H Y C A F U V T I
B A G B D C V A A L X Q M A K
Y R T M A I U W T S W Y D I F
T S Z F L N F R I J Q E L G L
S U F Y Z H A T E O W M Z N Z
N E E W S X W N R R E R X I R
W C H Ê N E I V I A C A O E D
D D I G B M M G M E S H Y R H
O B B S N O E O B H R C D L J
```

Abricotier   Agave   Avocatier
Bananier   Baobab   Charme
Châtaignier   Chêne   Sapin
Sapotier

Carnivores

```
W C B F E Q B F E F V F Q S B
G F U A P V G Z R W C U V M P
G L G H C X P N G C V T C K O
U A E B T A O L I L O L L F M
T C S A Y C U K T P T Y Z P N
E A D L R Z E S Q L U J O T F
T H V N I E L V B Y Y M S T Z
W C R K X O T N Q Z E I A S E
T O I E I U N A X C A E B B
K M U T N S I N S A H A O R M
F B P M J A X Y I M Z X I A F
G L J H U R A D W B G R U K
D H I X H N U D K T C D E G J
K K R M L U H I N H D O I A Q
L E F Q Q X C E W T X W X J J
A F U K O N Z P H K K U H D G
J K C B L Y T U B Q C U M X Y
I B A Z U L M O H I A H Z P W
E C G E A E S L B A S P C M H
Q J Q J I K H S E R V A L F Y
```

Chacal   Coyote   Jaguar

Lion   Loup   Lynx

Puma   Renard   Serval

Tigre

Céréales

```
O O L W T R G N U P I J I J T
B Y I J Z P C Q M S G B E N V
D P F W P C Z G I M S P D H H
Q Y J N Y T E Z P B O U Q E F
C J J Z Q M N L N L I Z L Y M
P U R J Z B I E Z É E R K A E
M E S O R G O L S X B C A I T
U L A V Y F V Y M B M G H T H
B T K K Z B A C B P E D W M Q X
L R A M I L L E T R N X I D H
Y H O A S K Z B L D S K A L N
Y Q J R A A R I Z I E O R V J
O K K N G R R K I A I V Z F Y
P V B D R E Y R V I G A C V G
J L I K U Z Y O A Y L F X P J
V Q X E Q M M S B S E K K O B
N T T J T U M L C D I G S Y Y
S E V F G T W I Z V T N Ï X A
C S K V J B M Z N E S M A A R
T E W X Z K Y X V U J V M J L
```

Avoine   Blé   Maïs

Mil   Millet   Orge

Riz   Sarrasin   Seigle

Sorgo

Fruits secs

```
M Z N N V O K V C D O D Z V L
A D A M A T N J N D B E Y F M
C F O T E X T L E U W X U F N
A X C Y V M A E E D Q U U V X
D T P W E O C D G Z X Z Z T J
A R Z B T U B A E Y A G S Y C
M Z A B T O Z U C G U S G I I
I R Z N E J C O Y A O N C G P
A E F M S A O Q S K H O Z I G
C B V R I C C H Z A K U A H U
W H Q H O H O F H L N J È E A
W P Â Y N Q A L D D U C E T V
L K É T P X R S C N R J H G E
W L Q C A A M A N D E S C B X
R N G D A I I N M J I E A Q W
A J P T U N G M J W Z J T G A
V E I V Q K F N G L X O S P V
S G P J M A K N E P M G I Q U
I X N O I X K D B A T W P Q B
L T Q B E N A Q R R U A X L K
```

Amande   Cacahuète   Cajou
Châtaigne   Coco   Macadamia
Noisette   Noix   Pistache
Pécan

Herbes aromatiques

```
R Y H Y C E K F A J C F F L Y
O B N L X I A X R T H Y M E S
M E V E P X P N D S O W Y D A
A H G U U C Y S W S X X I H U
R I O D D J O R X H Q Z S T G
I X H G V S E G Z X R E Y R E
N N F C B V Q Z D V X T V N Z
Z Z P J I Z S X E E D T V K D
M B D Z U B A M K H C E T K A
M E N T H E O P E R S I L R M
W E E A H U J U A N M R I E B
J K S F S N X P L X Q R G I A
T Z E T L N H Z Q E P A K R S
B Q P L R C V Q K K T S C U I
P E X Z E A A D S G V T Q A L
P H H N Z X G E Y J T J E L I
F J A S J C P O K L L A E R C
Z A B P Z B L G N E O X I A W
G I F B L I O R L S Q W T X K
I M C N A N V F D H G L F B T
```

Basilic   Ciboulette   Estragon
Laurier   Menthe   Persil
Romarin   Sarriette   Sauge
Thym

Pays

```
O X S F L R B X G F R A N C E
A B S I N Q X H E A S R N L Q
R H A T F T I T R J G O K U R
F L F J B Y N D U H W H T G H
P A G O E E T A E R R H K A E
P E B K O S L L N Z O P D L Q
S E Q M P X F G S G X U Q K Y
Y N J I H Y X F I M O K I Z O
D G B Y P O V C A Q X L F E L
D A S V M W M M N H U G A H B
K M B E Z I V T U X U E F T P
X E O O S X H L L C Z M N D A
Y L K M B J E E C O H B E K N
I L U A N S S A W P I I F O A
K A Q N L N Y B O J O R N Y M
X K Z R Z L C N T G H A M E A
X A V O I K O A G O Z B F H V
X P C O M O R E S U L A S E B
L J X M P Y A V U N L B H M M
U G I A E Q M G X S A Z Z H A
```

Allemagne   Angola   Belgique
Chine   Comores   France
Maroc   Oman   Panama
Turquie

Gastronomie

```
G D B D S B N H R C P A N E B
R Y Œ O E V A K D X V F B Z E
A U U A X O B J U S C S A Q T
T C F L T I W F G I L J P U E
I O B S P C C N Y R D I G I L
N Q O E B C R Ê P E P S Y C U
D A U V B D L E R Y O O E H O
A U R L M D A R G P T I S E S
U V G O D W E A M G A N E L S
P I U V U G T T X Z U Y R O A
H N I T J Q T R R D F Y T R C
I H G S U K E A G H E A Î R S
N Y N Q P A L T G D U J U A Z
O I O R P U F K C Z J N H I Q
I W N B B Y I A K J Y X Q N G
S B X O T Z T E S A F J E E X
V D D Q F X R T T W K O Z R Z
V G U X Y P A S V O L X O O G
D F E Y F T T P Q Q T B W W N
C L M F S W D E W R I M T C Y
```

Bœuf bourguignon   Cassoulet   Coq au Vin

Crêpe   Gratin dauphinois   Huîtres

Pot au feu   Quiche lorraine   Steak tartare

Tartiflette

Singes

Epices

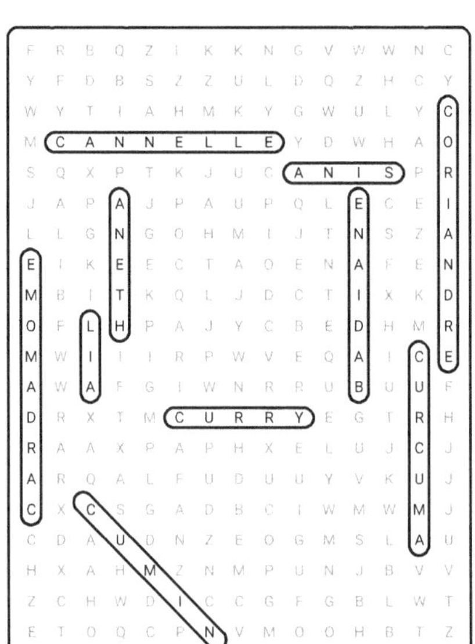

Poissons

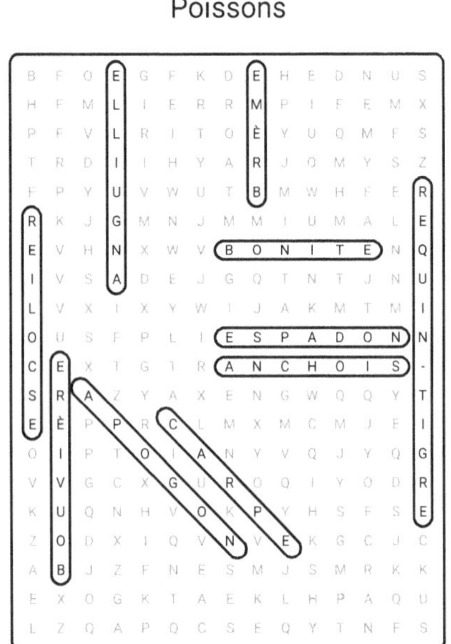

Fruits

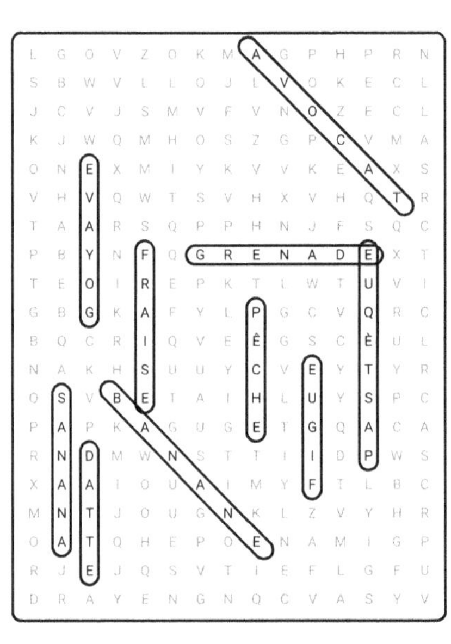

Départements français

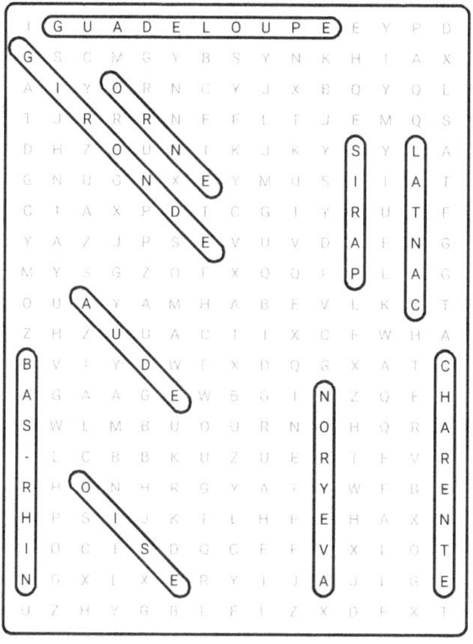

Oiseaux

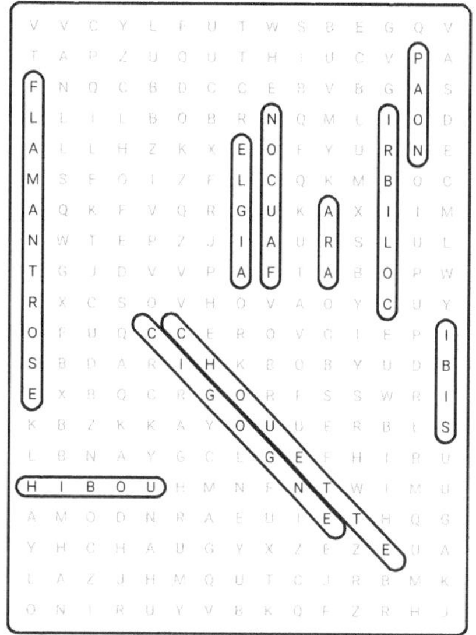

Fleurs

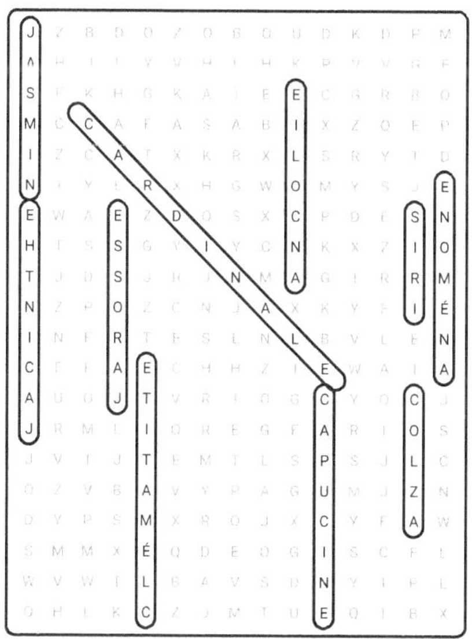

Fruits de mer

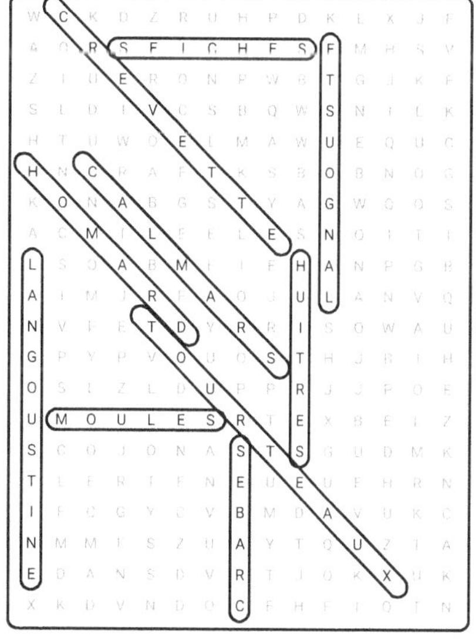

Herbivores

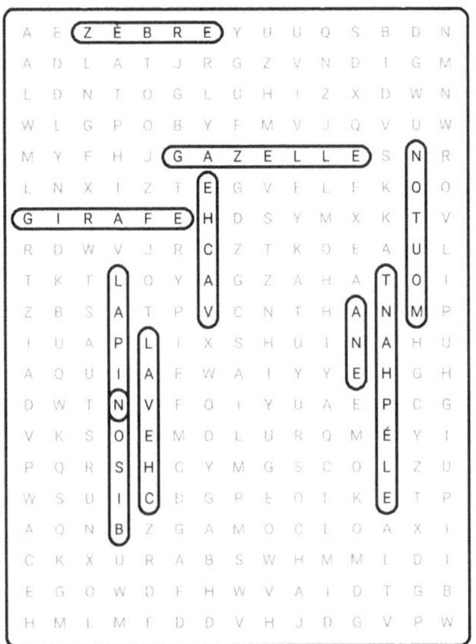

Arbres

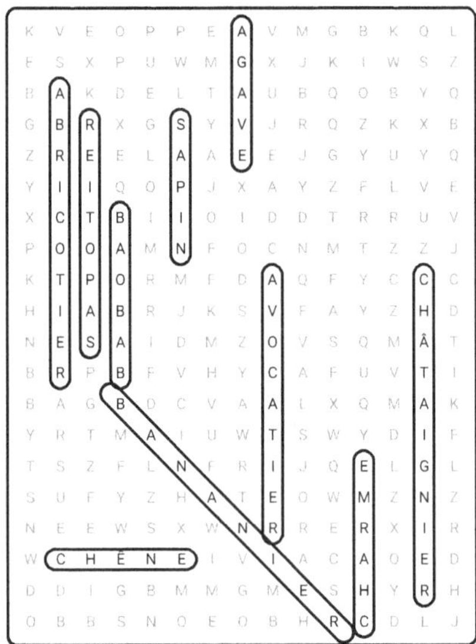

Carnivores

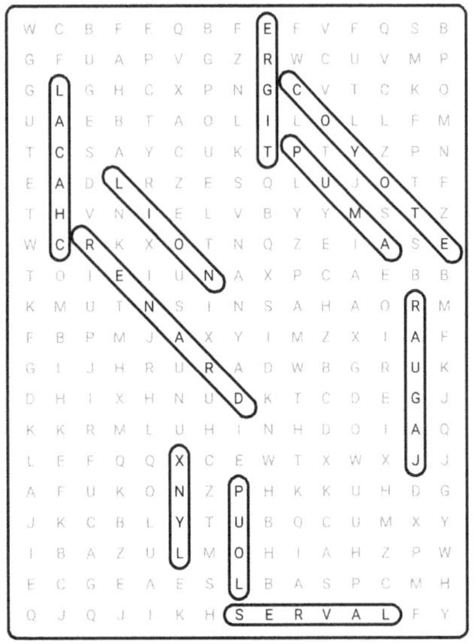

Céréales

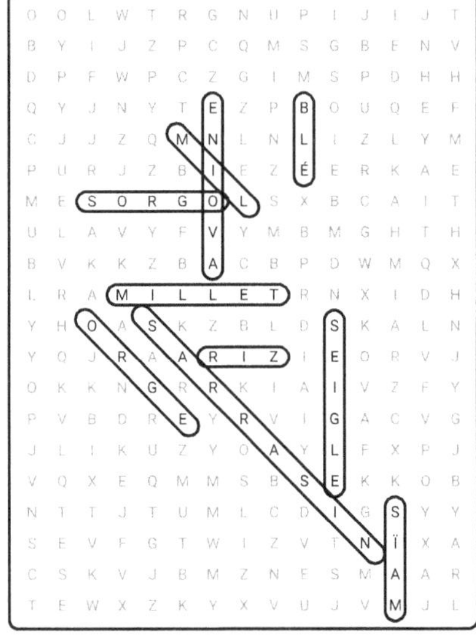

Fruits secs

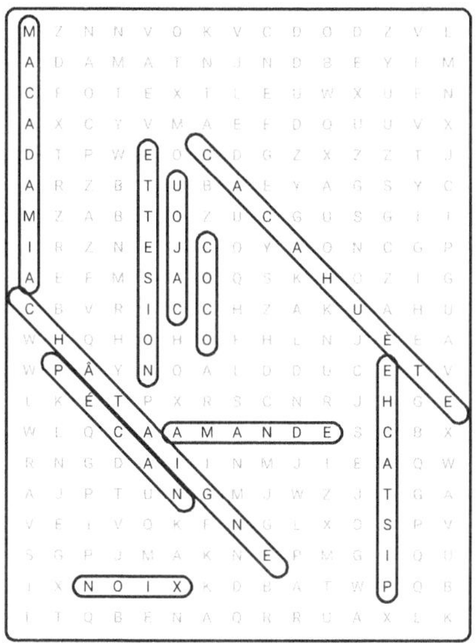

Herbes aromatiques

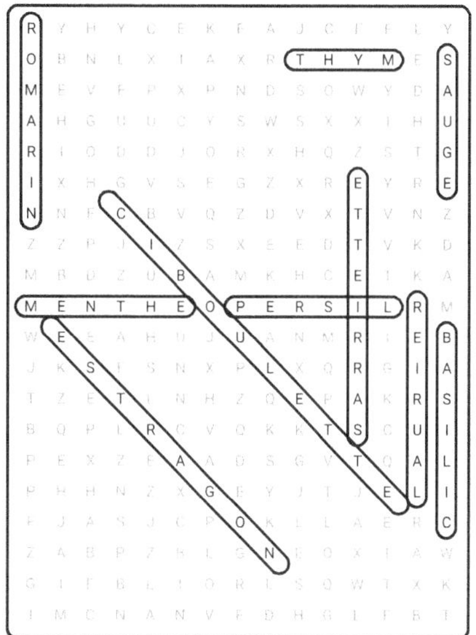

Pays

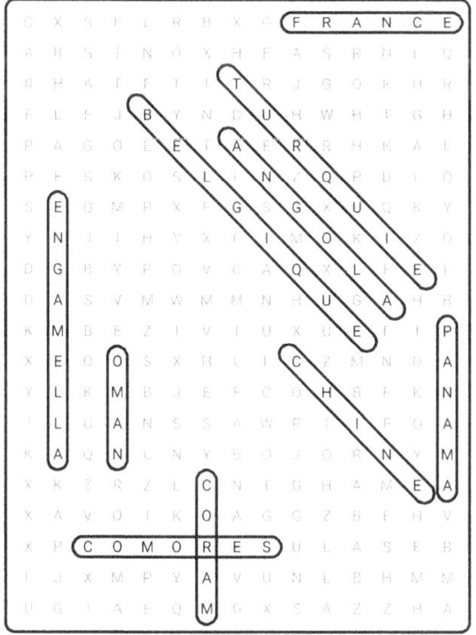

Gastronomie

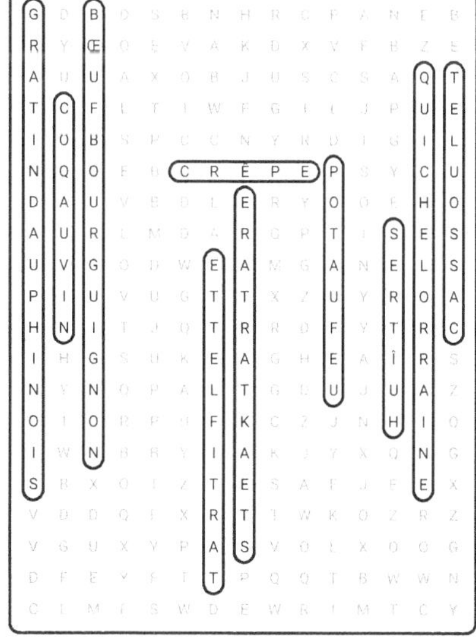

LABYRINTHES

Le jeu de labyrinthe consiste à chercher le chemin pour partir d'un point A vers un point B. Dans ce cahier, le joueur doit utiliser son intelligence et bien observer le chemin qui l'amènera vers la destination finale.

Début

Fin

Labyrinthe 1

Labyrinthe 2

Labyrinthe 3

Labyrinthe 4

Labyrinthe 5

Labyrinthe 6

Début

Fin

Labyrinthe 7

Labyrinthe 8

Labyrinthe 9

Labyrinthe 10

Début

Labyrinthe 11

Labyrinthe 12

Labyrinthe 13

Début

Fin

Labyrinthe 14

Labyrinthe 15

Labyrinthe 16

Labyrinthe 1

Labyrinthe 2

Labyrinthe 3

Labyrinthe 4

Labyrinthe 5

Labyrinthe 6

Labyrinthe 7

Labyrinthe 8

Labyrinthe 9

Labyrinthe 10

Labyrinthe 11

Labyrinthe 12

Labyrinthe 13

Labyrinthe 14

Labyrinthe 15

Labyrinthe 16

MOTS CROISÉS

Le jeu de mots croisés consiste à remplir, dans une grille remplie de cases vides et sombres, des mots en répondant aux questions posées, les réponses des questions qui sont en horizontale sont placées dans les cases horizontalement. Et les réponses de celles qui sont en verticale sont placées dans les cases verticalement.

Horizontale

Verticale

1. Quelle est la capitale de la France?

2. Qui va à la chasse, perd sa ......

1. Quelle est le contraire de léger?

2. La troisième personne du singulier au présent de l'indicatif du verbe « ÉCRASER », il ......

Grille 1

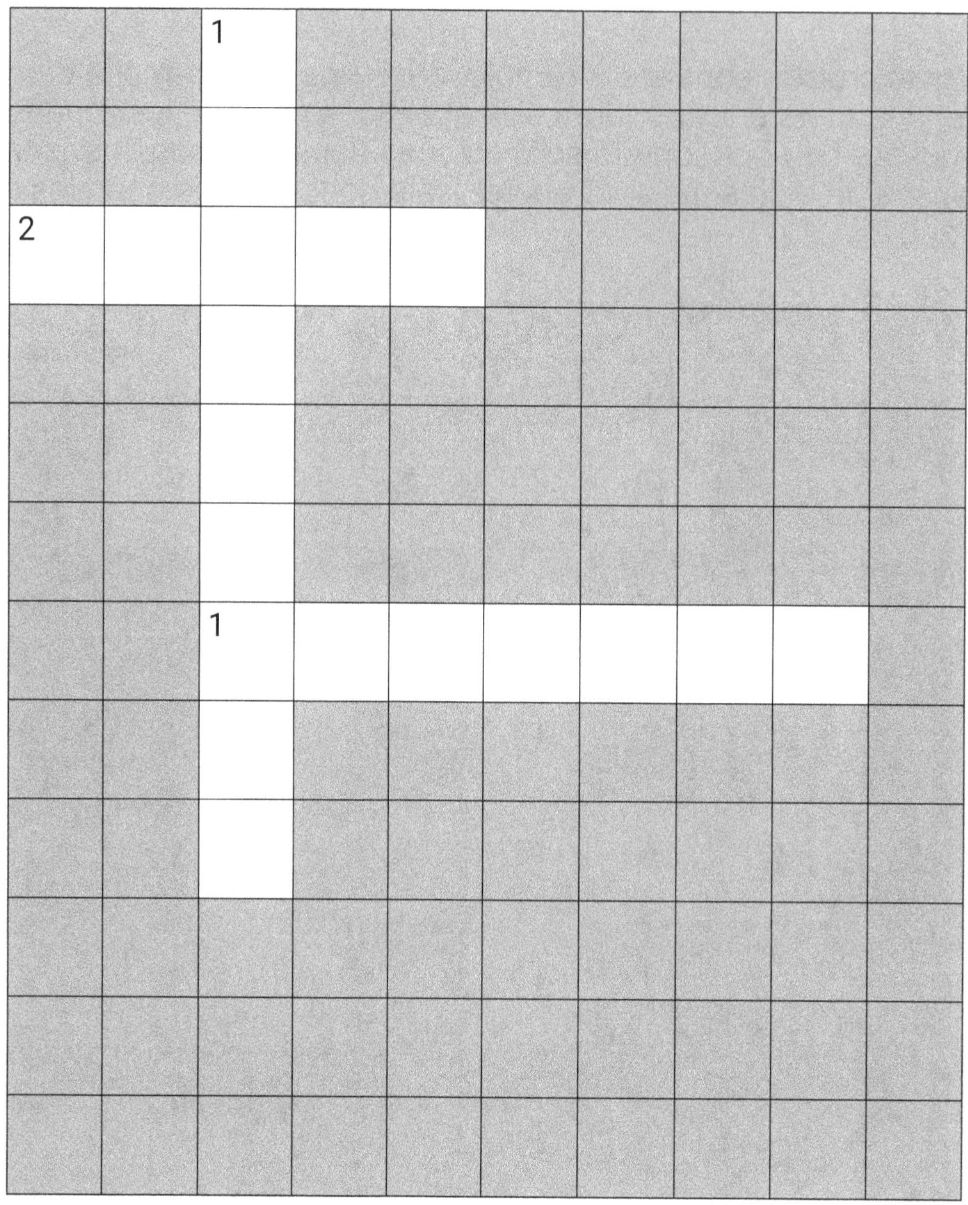

Horizontale

1. Quel est l'arbre qui fait pousser des olives ?
2. Quelle est la capitale de la Tunisie ?

Verticale

1. Quelle forme a 5 côtés ?

Grille 2

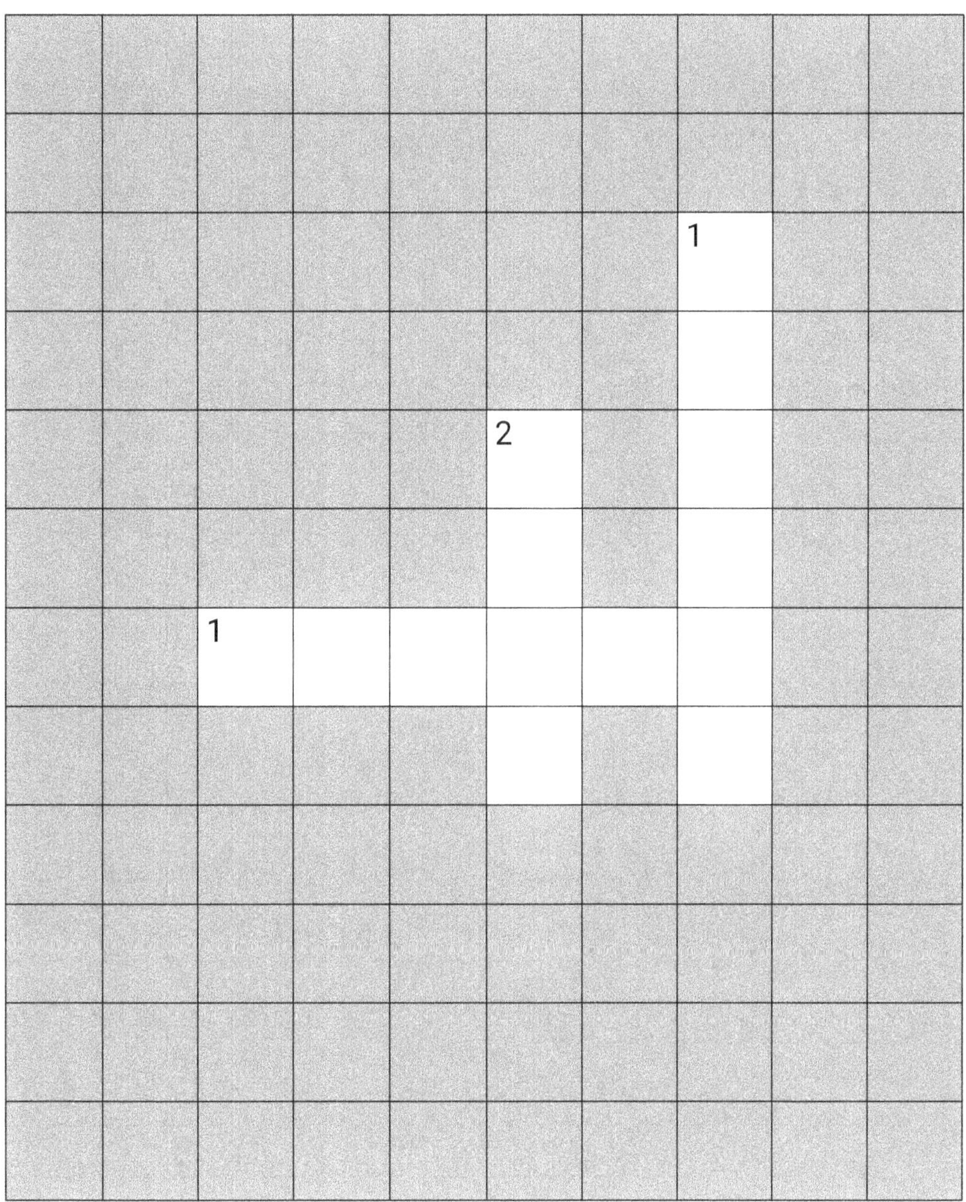

Horizontale

1. Quel est le mois le plus court de l'année ?

Verticale

1. Qui a créé « L'Enlèvement au sérail » ?
2. Sur quel continent se trouve Tokyo ?

Grille 3

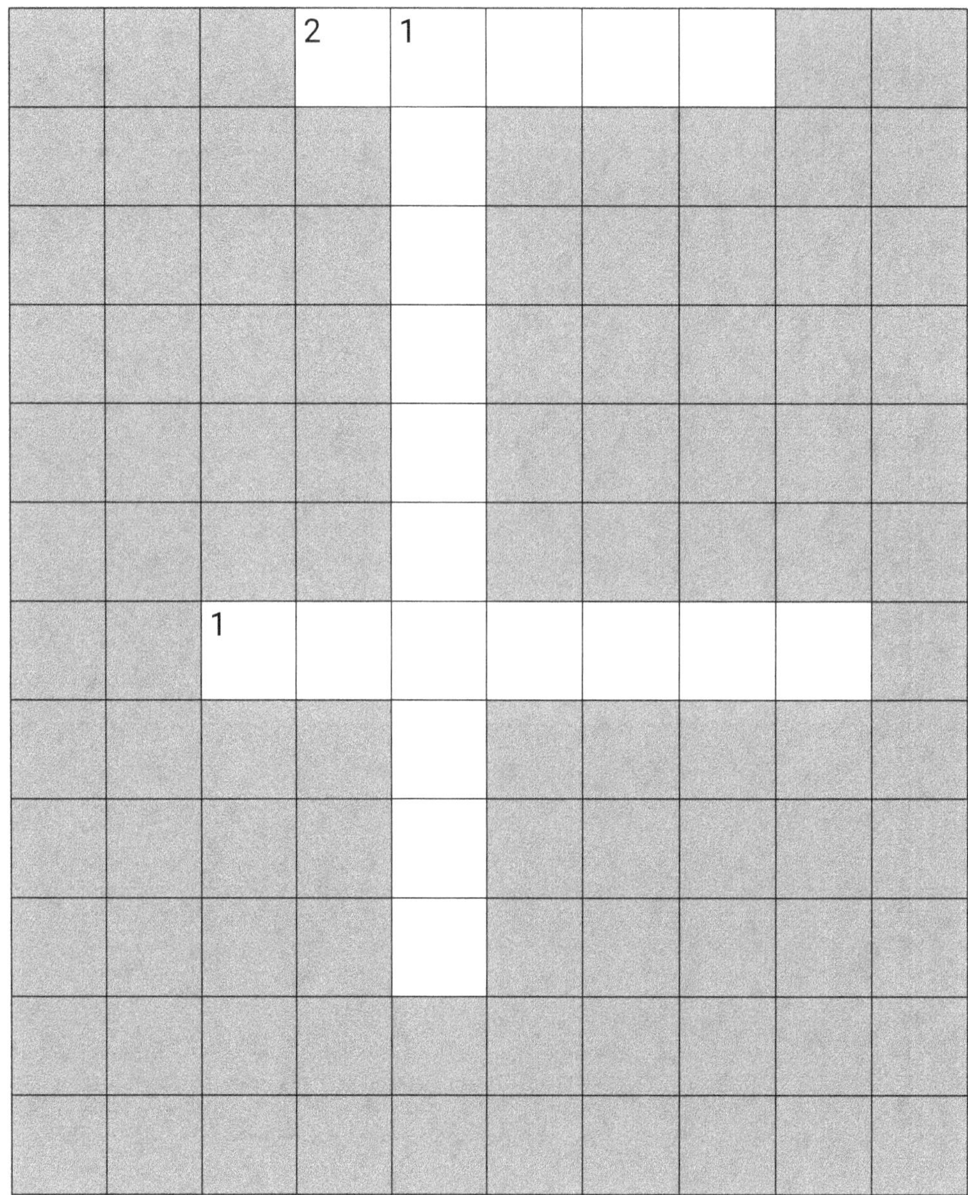

Horizontale

1. À quel mouvement artistique appartenaient Rembrandt, Vermeer, Velázquez ou Rubens ?
2. Quel est le prénom du Capitaine Crochet, ennemi de Peter Pan ?

Verticale

1. À quel peintre doit-on « Bateaux dans le port de Collioure » ?

Grille 4

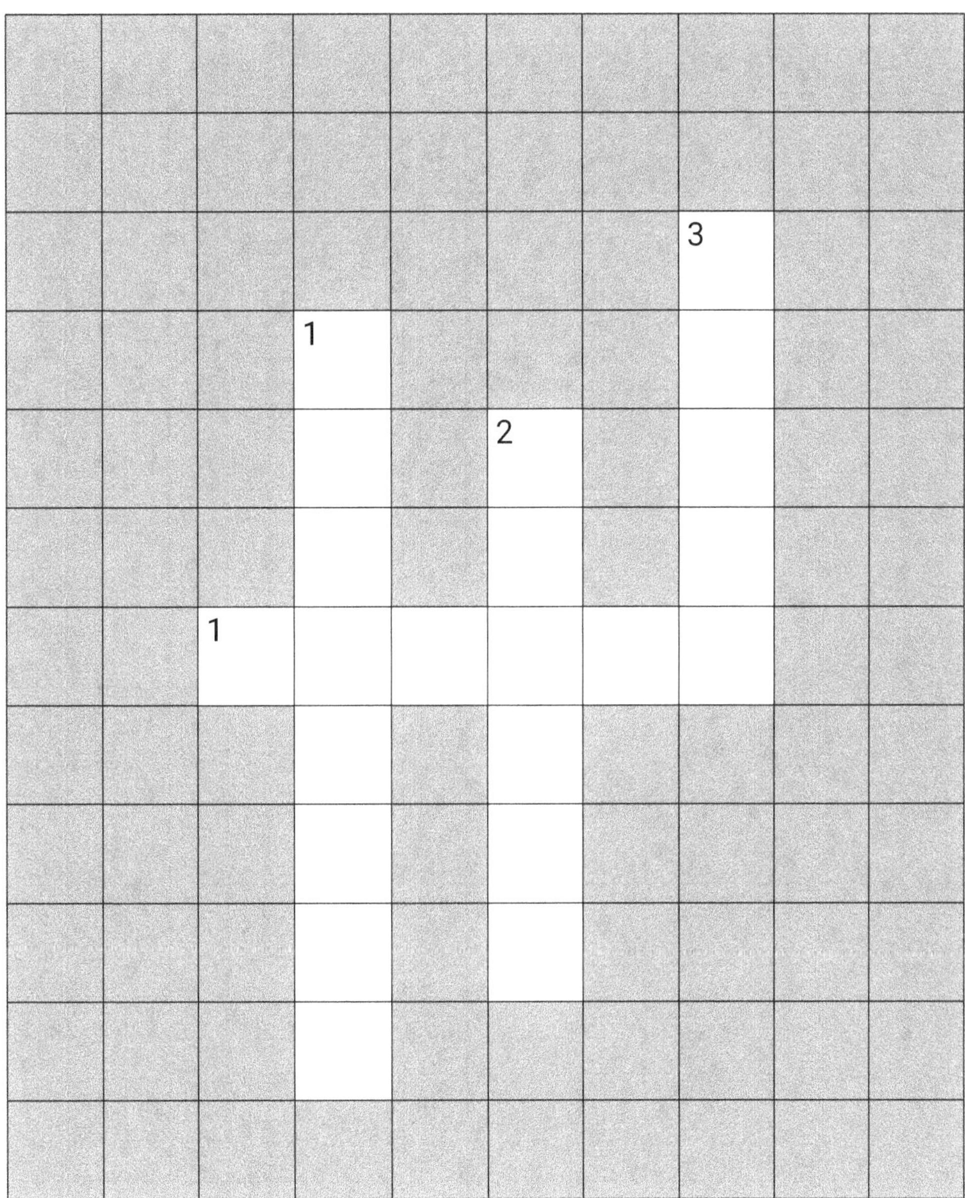

Horizontale

1. Quel ennemi de James Bond a les dents en acier ?

Verticale

1. Qui se bat contre Lex Luthor ?
2. Quel est le nom du Seigneur des Ténèbres dans le Seigneur des Anneaux ?
3. Dans quelle ville italienne se trouve la tour Pirelli ?

Grille 5

Horizontale

1. Dans quelle ville se trouve la Statue de la Liberté ?
2. Dans quelle ville française se trouve la Grand-Place ?

Verticale

1. Sur quel continent le Nil coule-t-il ?
2. Face à quelle grande ville le château d'If se trouve-t-il ?

Grille 6

Horizontale
1. Qui a écrit "La Cousine Bette" ?
2. Qui est l'apôtre de la non-violence et de la désobéissance civile de masse ?

Verticale
1. Si un losange a un angle droit, alors c'est un

Grille 7

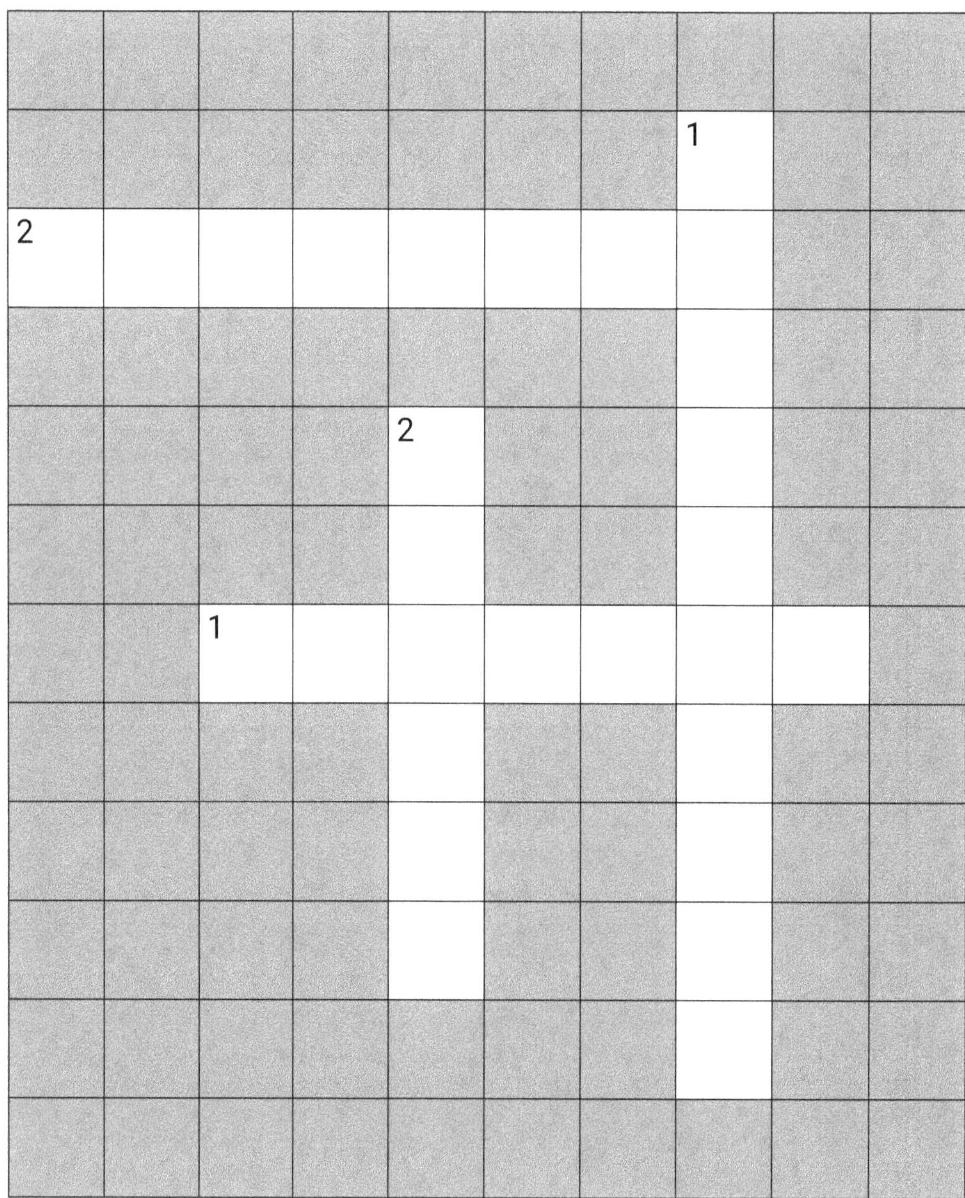

Horizontale

1. Qui était surnommé le Petit Père des Peuples ?
2. Quelle émission d'aventure de TF1 est présentée par Denis Brogniart depuis 2002 ?

Verticale

1. Qui fut le premier président américain ?
2. À quelle tribu d'Indiens appartenait Geronimo ?

Grille 8

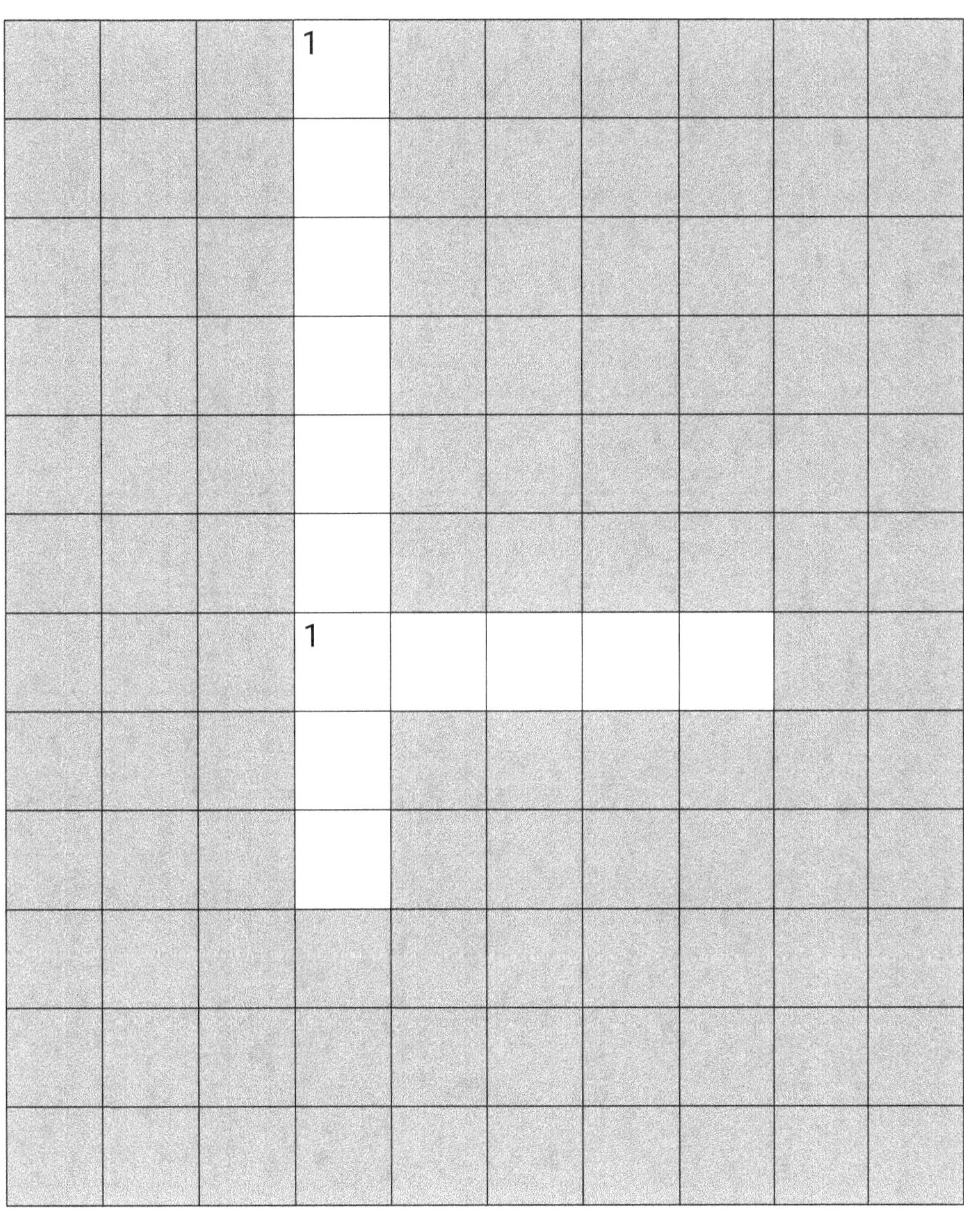

Horizontale

1. Quel footballeur est surnommé la Puce ?

Verticale

1. Quel est le nom du sélectionneur des Bleus en 2016 ?

Grille 9

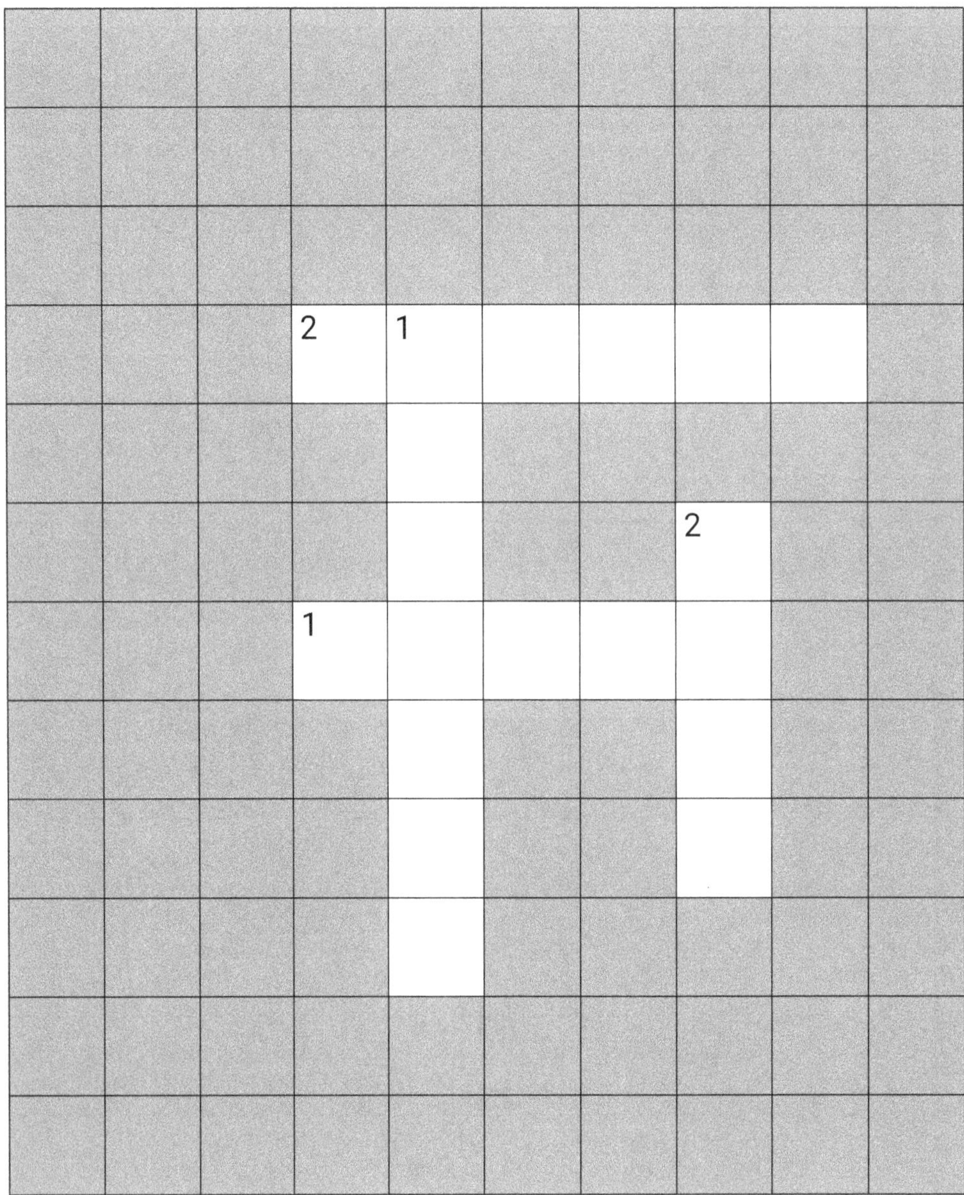

Horizontale
1. Quel footballeur a été élu Ballon d'or 2015 ?
2. Quel organe est l'intermédiaire entre le pharynx et la trachée ?

Verticale
1. Quel club de foot anglais joue dans l'enceinte de l'Emirates Stadium ?
2. Comment appelle-t-on le réseau internet hertzien sans fil ?

Grille 10

Horizontale

1. Comment appelle-t-on l'instrument de détection que manie un radiesthésiste ?

Verticale

1. Comment appelle-t-on un message électronique intempestif ?
2. Qui était Arthur Rimbaud ?
3. Quelles noces fêtez-vous pour 40 années de mariages ?

Grille 11

Horizontale

1. Grâce à quelle ligne détermine-t-on la latitude ?
2. Quel est le métier qui consiste à confectionner des chapeaux pour femme ?

Verticale

1. En espagnol, que signifie le mot " corazon " ?
2. Comment appelle-t-on les journaux personnels en ligne ?
3. Quelle pâtisserie est composée de deux choux posés l'un sur l'autre ?

Grille 12

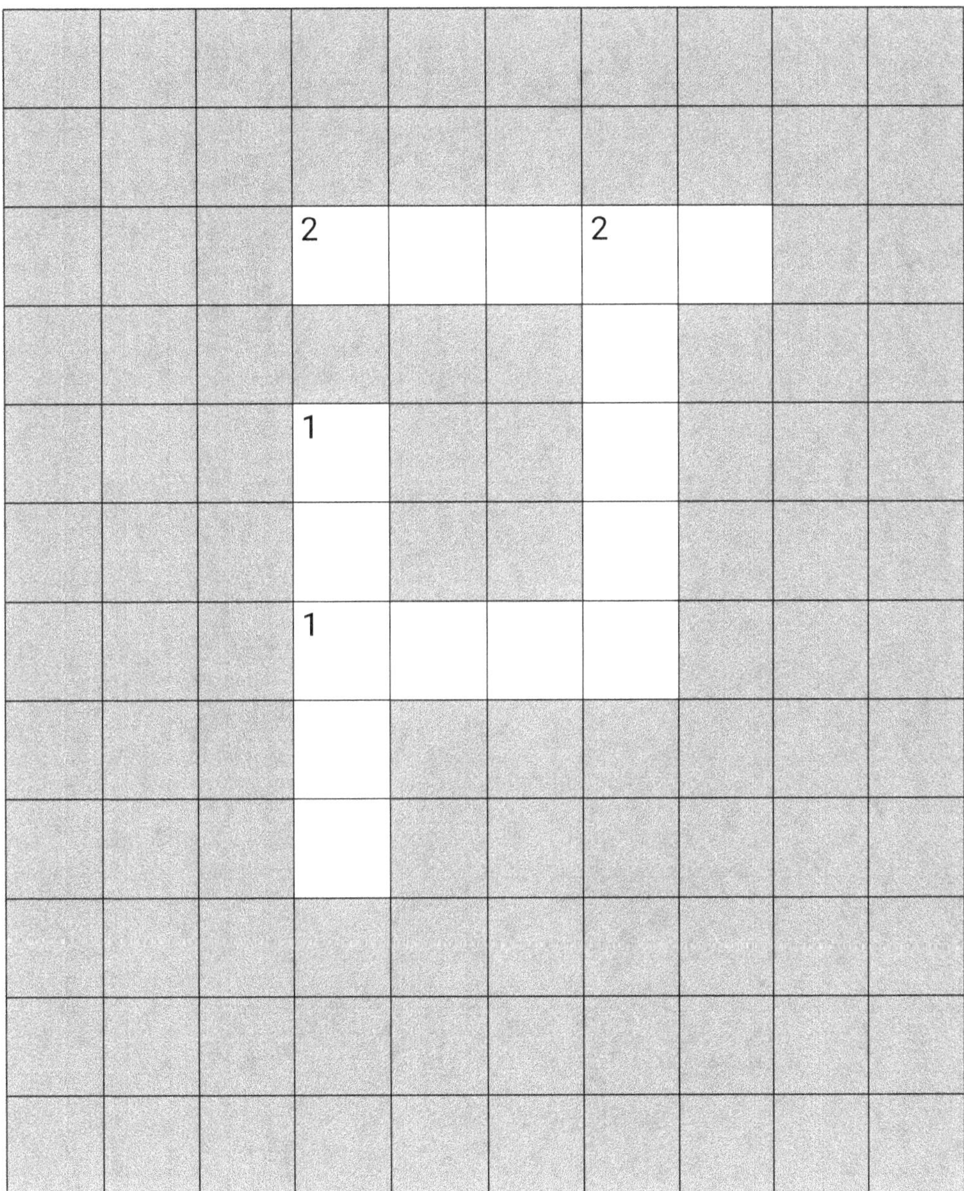

Horizontale

1. Quel concours faut-il avoir pour devenir professeur des écoles ?
2. D'où est originaire le jeu le Mah-jong ?

Verticale

1. Quel diplôme est requis pour pouvoir se présenter au concours d'aide-soignant(e) ?
2. Au Mikado, quelle est la couleur de la baguette rapportant le plus de points ?

Grille 13

Horizontale

1. Combien de consonnes y a-t-il dans le mot "champion" ?
2. Un ballon de rugby est...

Verticale

1. Comment s'appelle le résultat d'une division, la valeur d'une part ?

Grille 14

Horizontale

1. Un bloc de glace d'eau douce qui dérive sur les océans est...

Verticale

1. Je suis dangereux pour le poisson, mais mignon pour le cochon. Je suis...

2. À l'épée je suis associée, ça en impose, hein ! ? Et pourtant, dessous, il arrive que l'on y rie. Je suis...

3. On pourra le fixer certes, mais toujours, il sera à poursuivre. Il est…

Grille 15

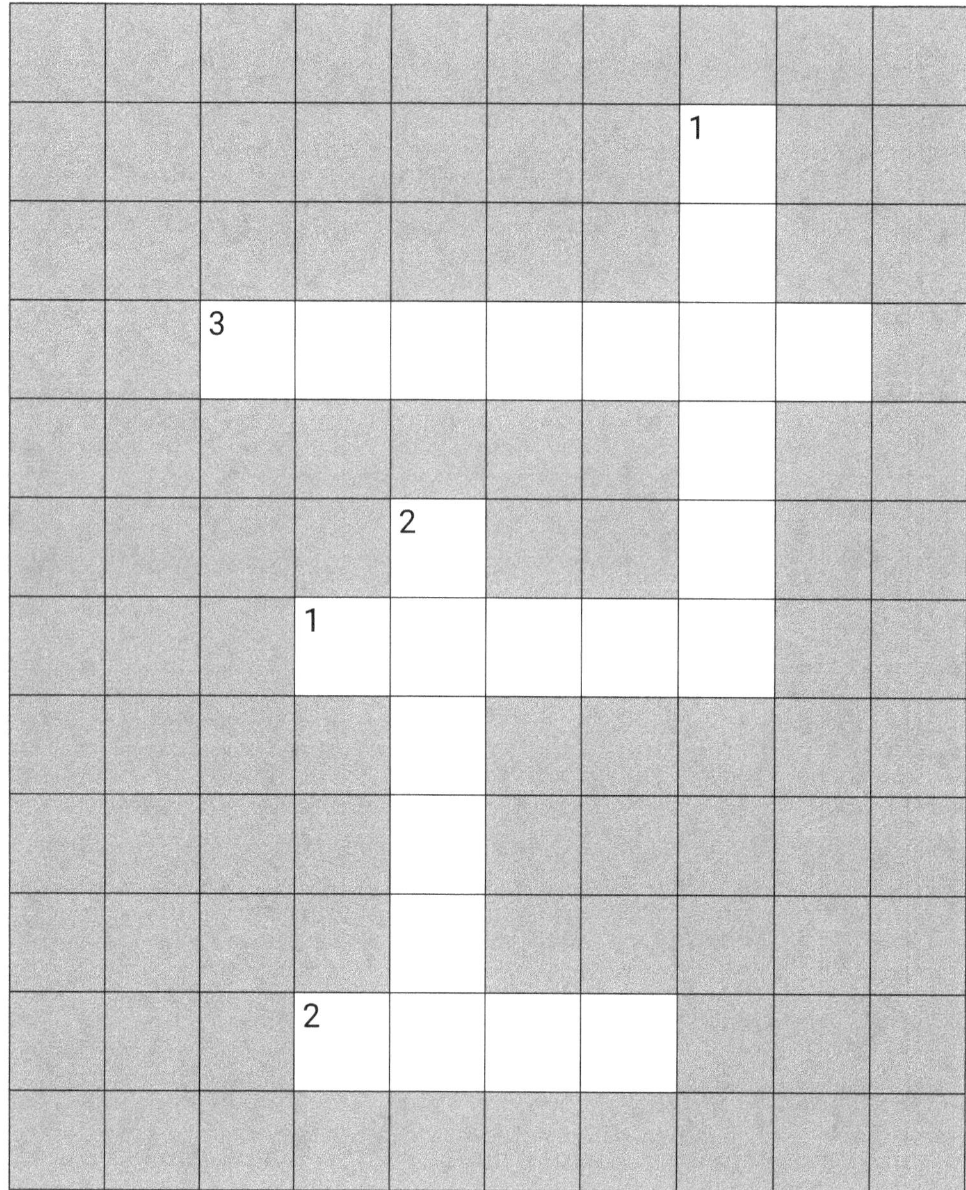

Horizontale

1. Elle est taillée pour aller ventre à terre, elle est...
2. C'est dans le ventre qu'elle se niche, et pourtant, c'est au fond des yeux qu'elle est lue. Elle est...
3. Les conversations y vont bon train, mais s'éteignent inéluctablement, quand à la mort il conduit. Il est...

Verticale

1. À boire je peux servir, mais si courte je deviens, alors je suis tirée. Je suis...
2. D'amour avec le ventre, elle est amicale avec la main. Elle est...

Grille 16

Horizontale

1. Cristobal est revenu ! Qui est-il ?

Verticale

1. Qui chantait "Tata Yoyo" ?
2. Qui était contrôleur général des finances sous Louis XIV ?

Grille 1

<pre>
    ¹P
     E
²T U N I S
     T
     A
     G
    ¹O L I V I E R
     N
     E
</pre>

Grille 2

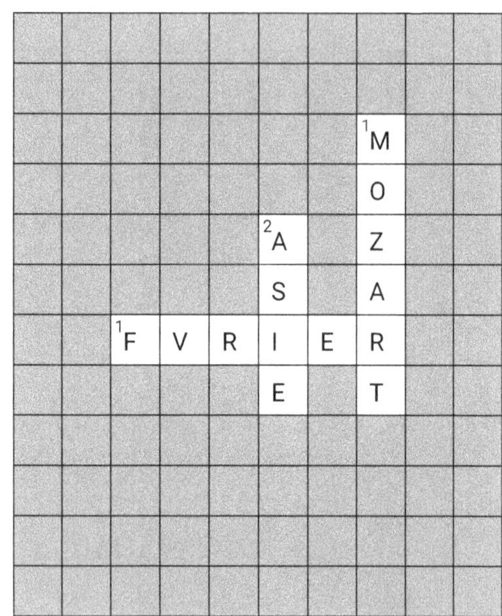

<pre>
                    ¹M
                     O
              ²A   Z
               S   A
        ¹F V R I E R
               E   T
</pre>

Grille 3

<pre>
       ²J ¹A M E S
          N
          D
          R
          D
          E
      ¹B A R O Q U E
          A
          I
          N
</pre>

Grille 4

<pre>
                    ³M
       ¹S   I
        U   ²S   L
        P   A   A
    ¹R E Q U I N
        R   R
        M   O
        A   N
        N
</pre>

Grille 5

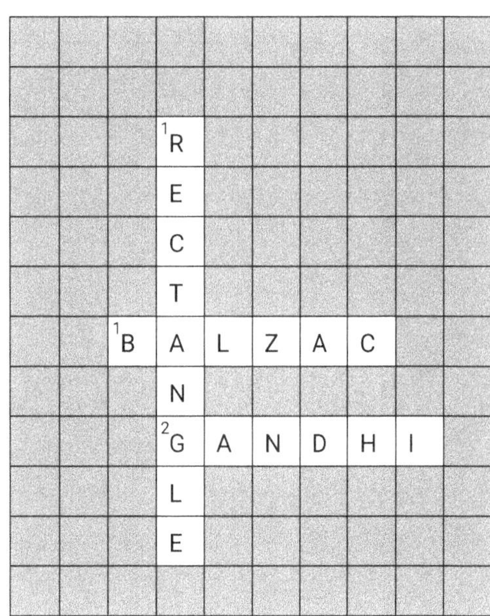

Grille 6

Grille 7

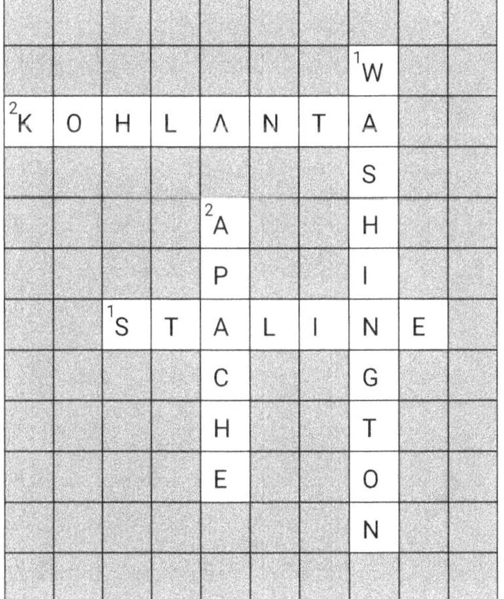

Grille 8

Grille 9

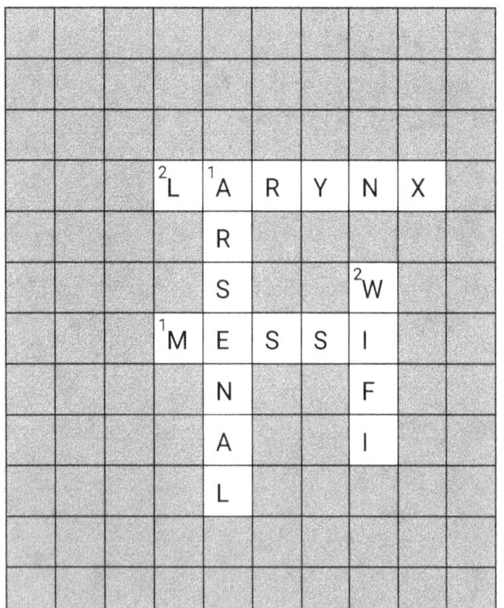

L A R Y N X
R
S W
M E S S I
N F
A I
L

Grille 10

E
M
E
R P
A O
S U T
P E N D U L E
A E
M

Grille 11

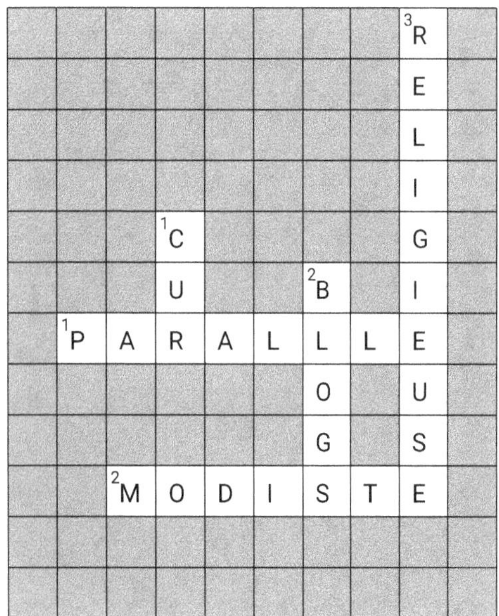

R
E
L
I
C G
U B I
P A R A L L E
O U
G S
M O D I S T E

Grille 12

C H I N E
O
A I
U R
C R P E
U
N

Grille 13

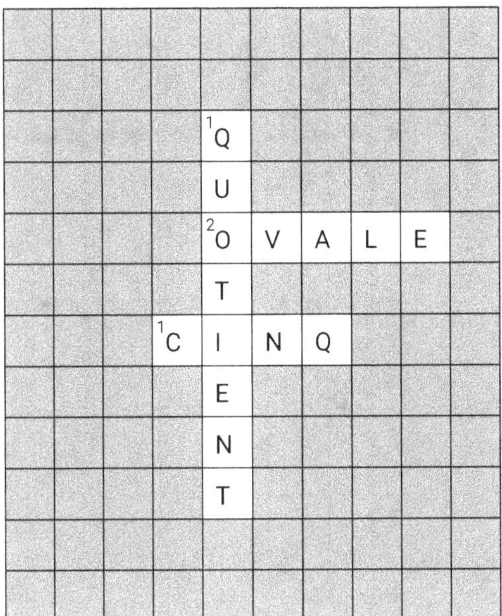

Grille 14

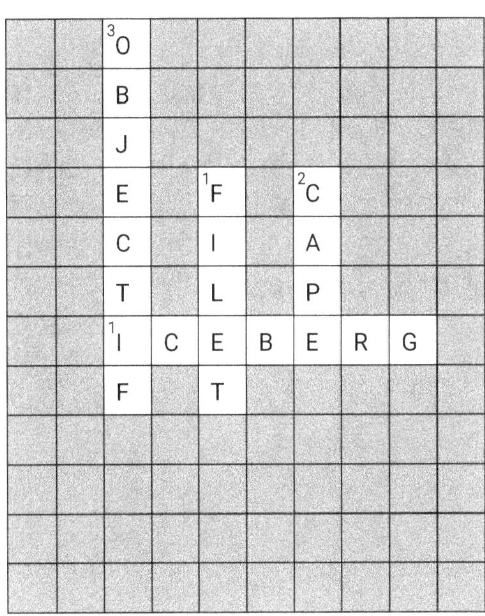

Grille 15

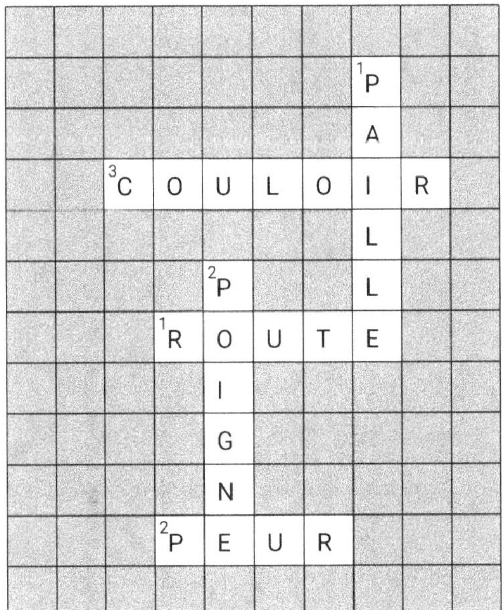

Grille 16

TIC-TAC-TOE

Le tic-tac-toe, aussi appelé morpion (par analogie au jeu de morpion), est un jeu de réflexion se pratiquant à deux joueurs au tour par tour dont le but est de créer le premier un alignement. Les deux joueurs qui s'affrontent doivent remplir chacun à leur tour une case de la grille avec le symbole qui leur est attribué : O ou X.

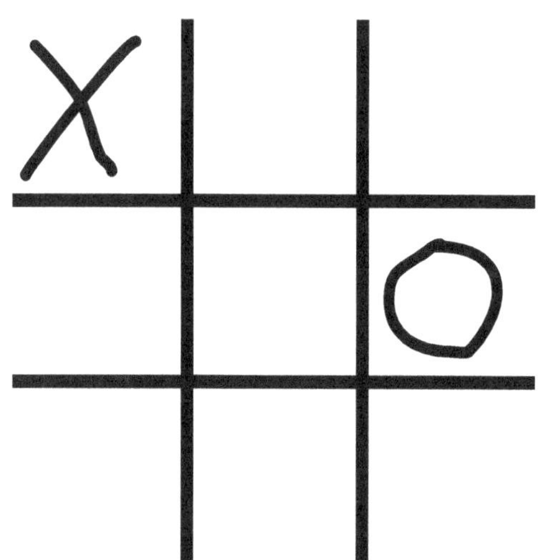

La coutume veut que le joueur jouant X doit effectuer le premier coup de la partie. Le gagnant est celui qui arrive à aligner trois symboles identiques, horizontalement, verticalement ou en diagonale.

Choisis ton symbole et défie tes adversaires.

À ton tour !

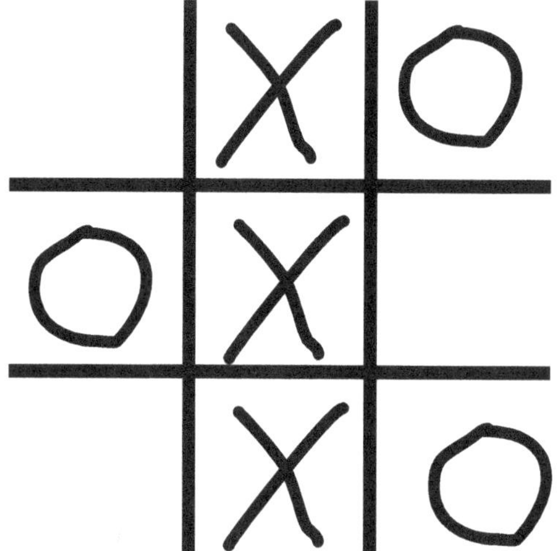

Tic-Tac-Toe

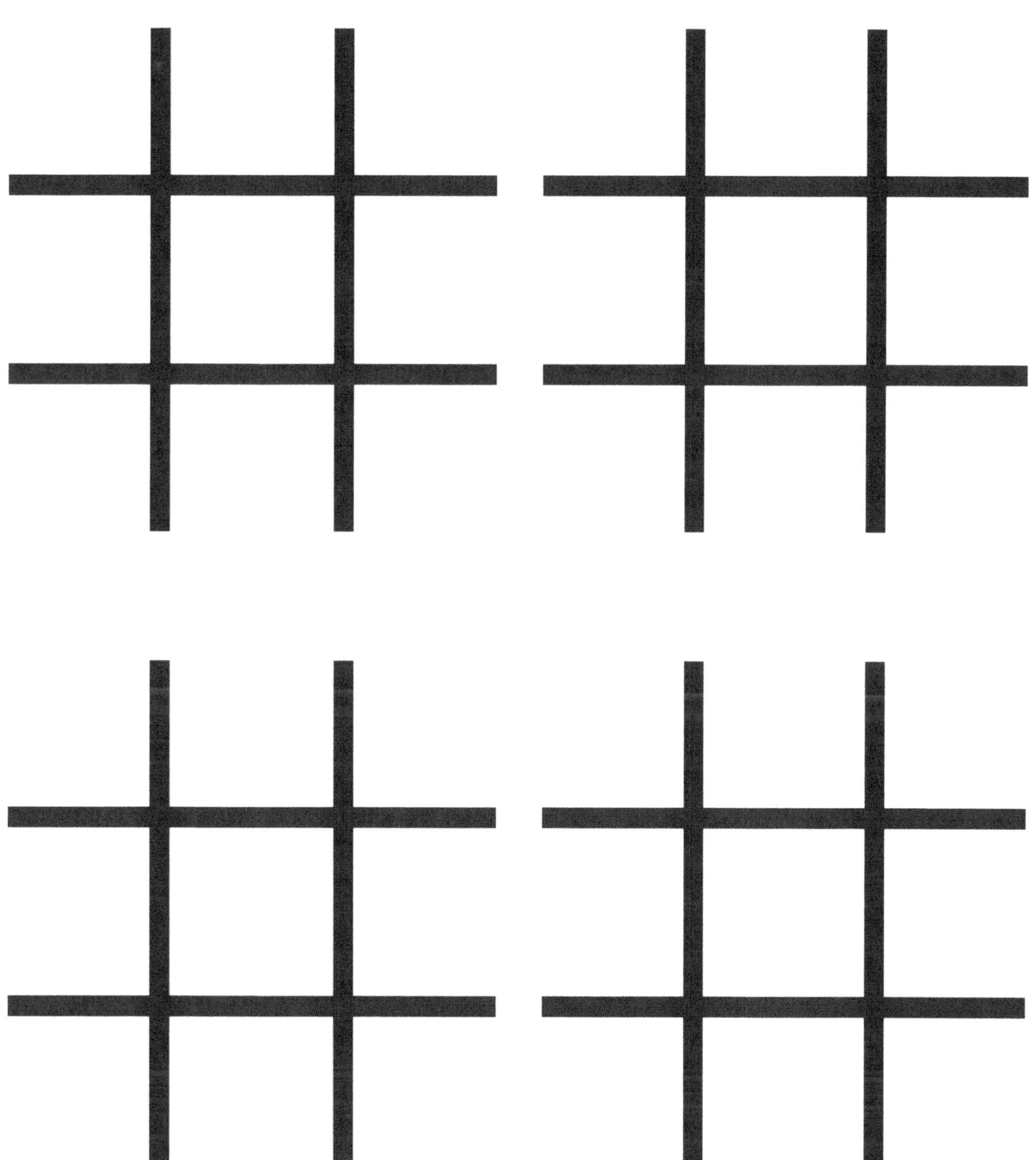

Tic-Tac-Toe

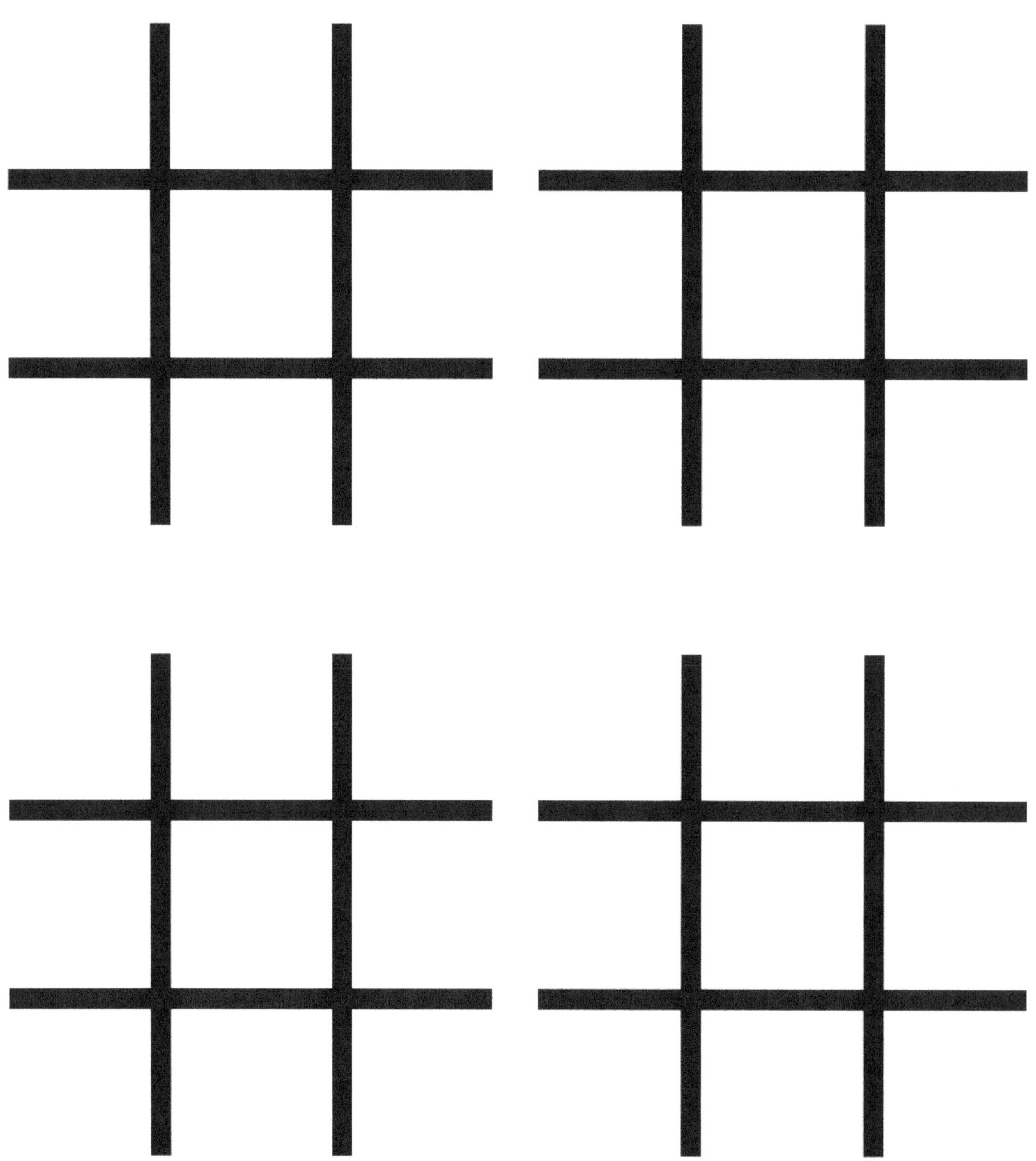

Tic-Tac-Toe

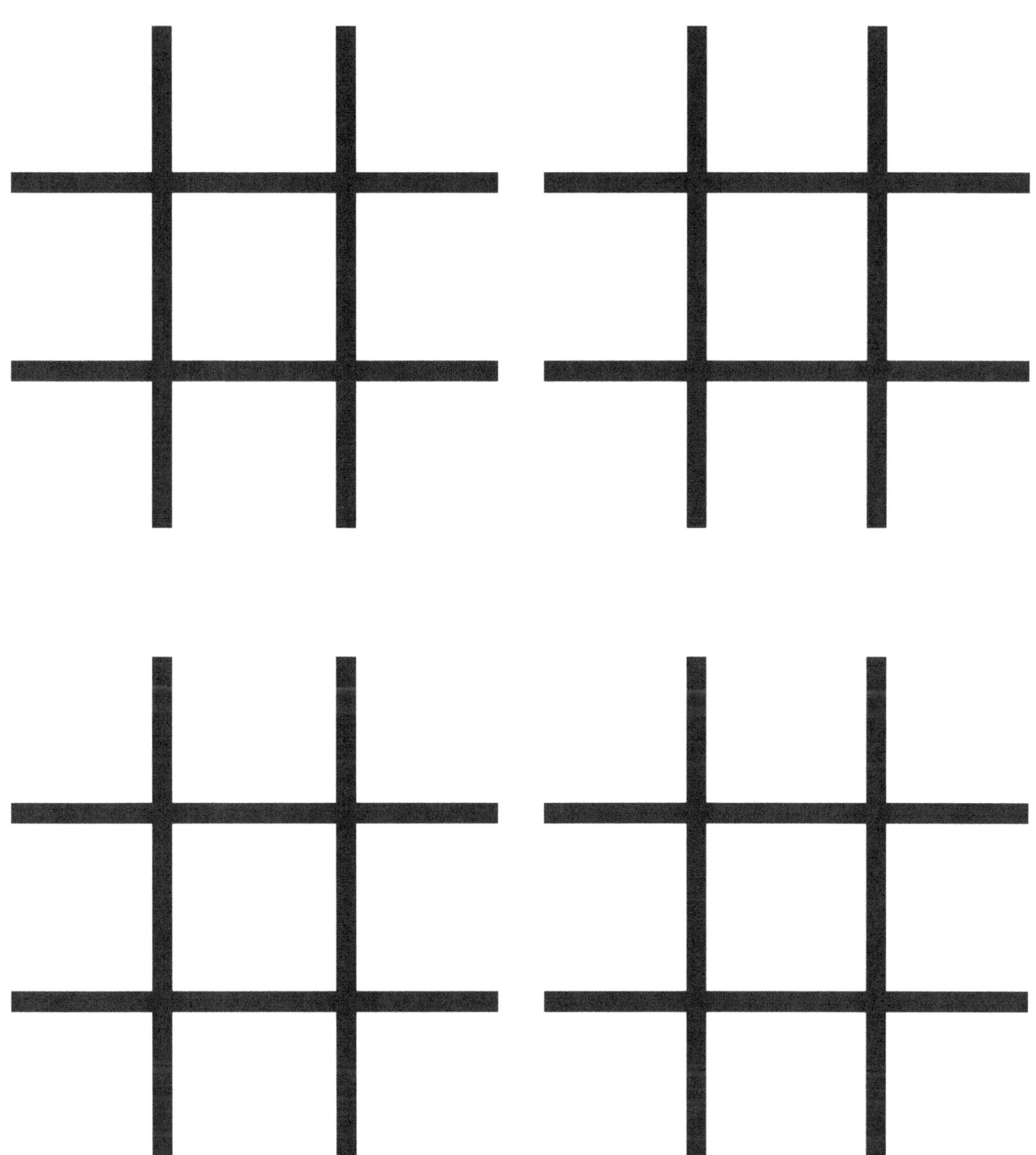

Tic-Tac-Toe

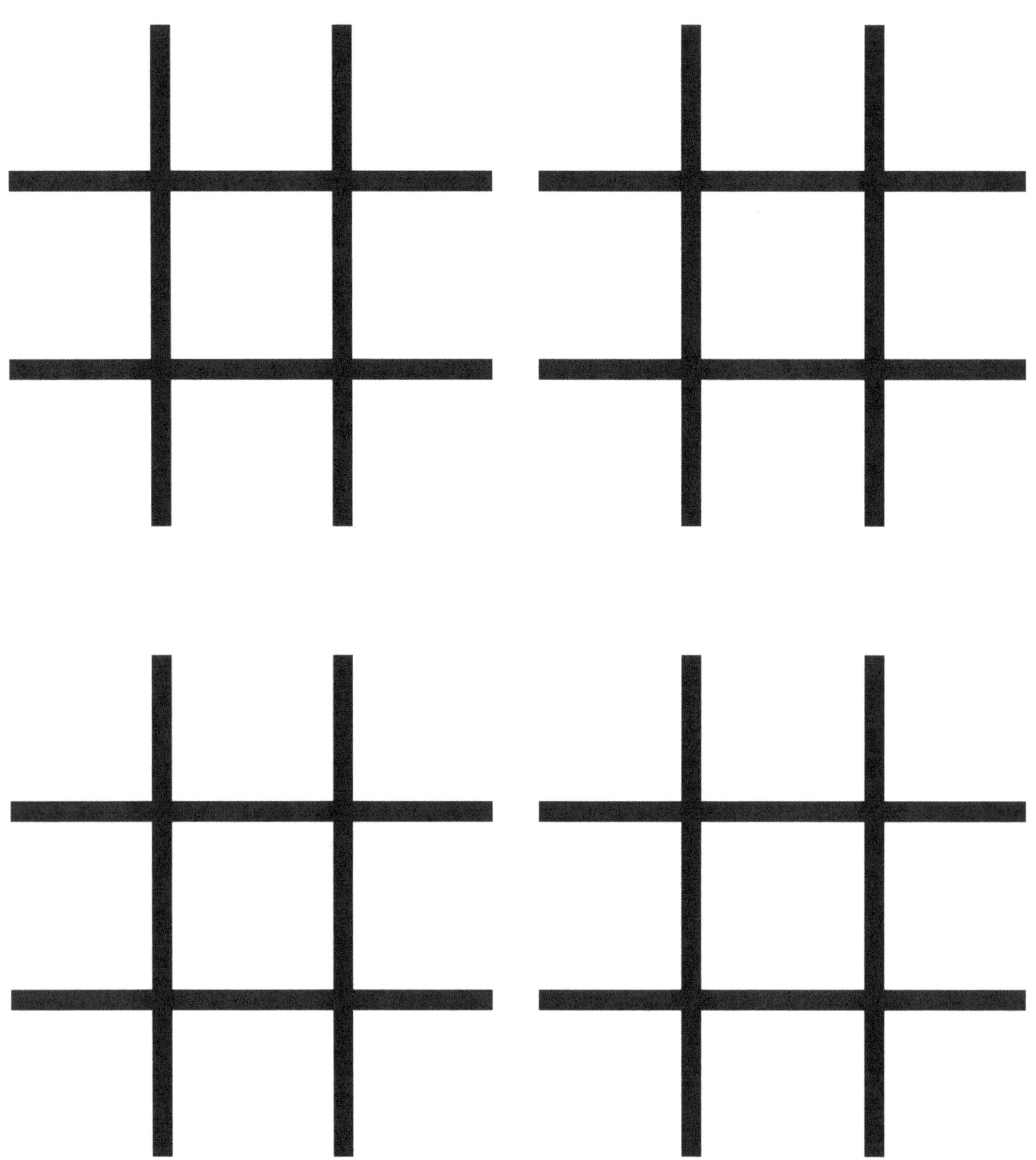

Tic-Tac-Toe

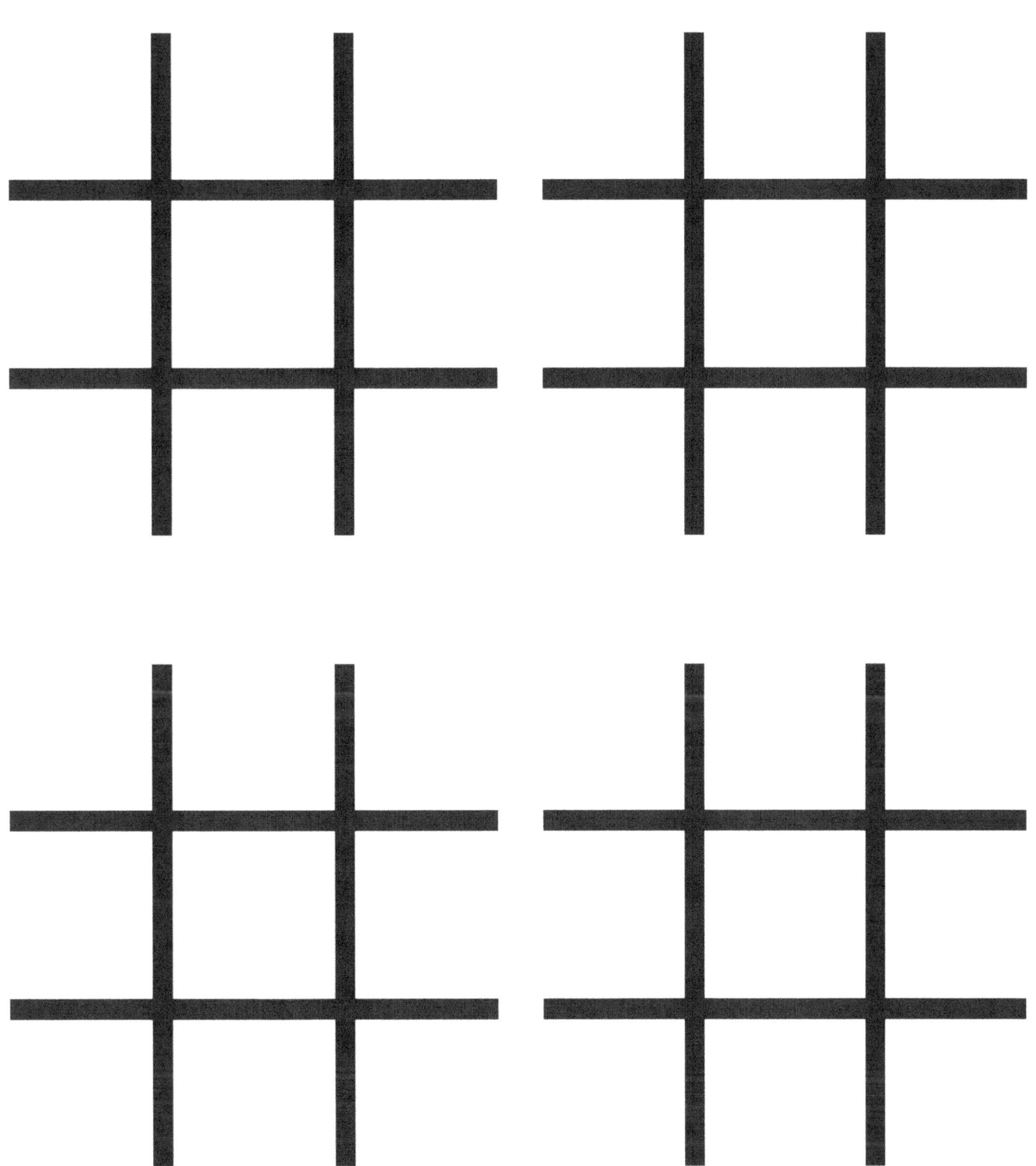

Tic-Tac-Toe

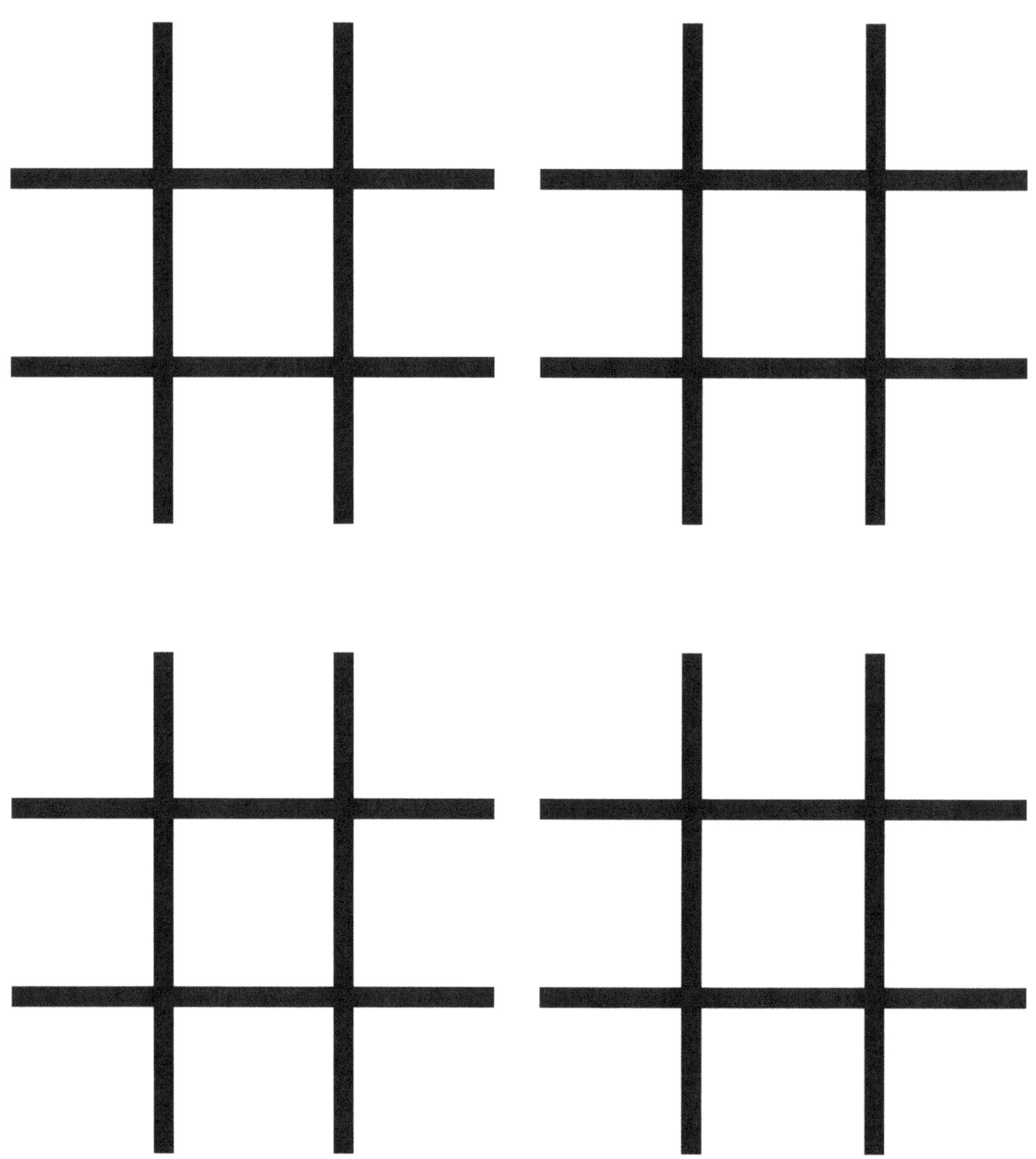

Tic-Tac-Toe

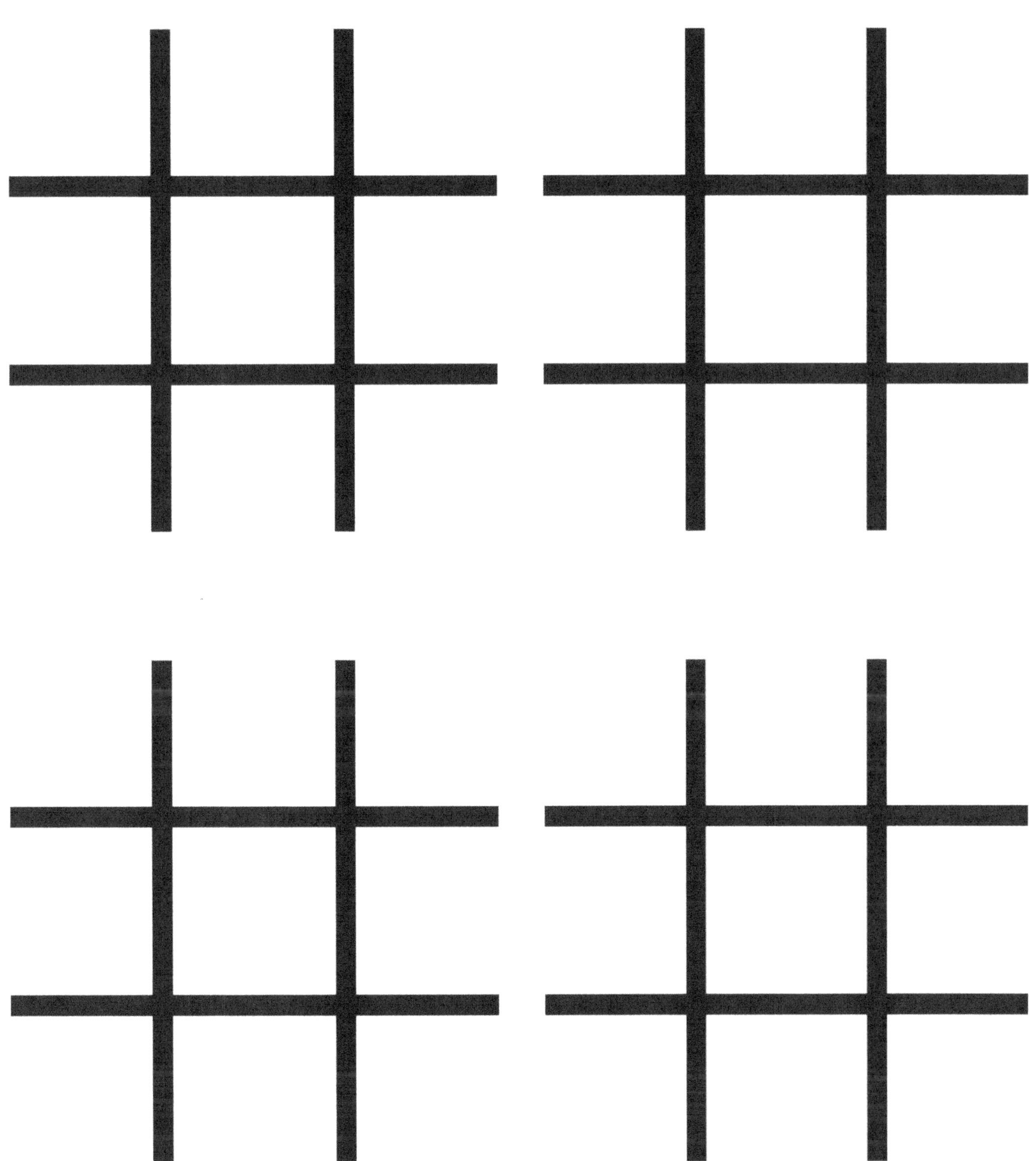

Tic-Tac-Toe

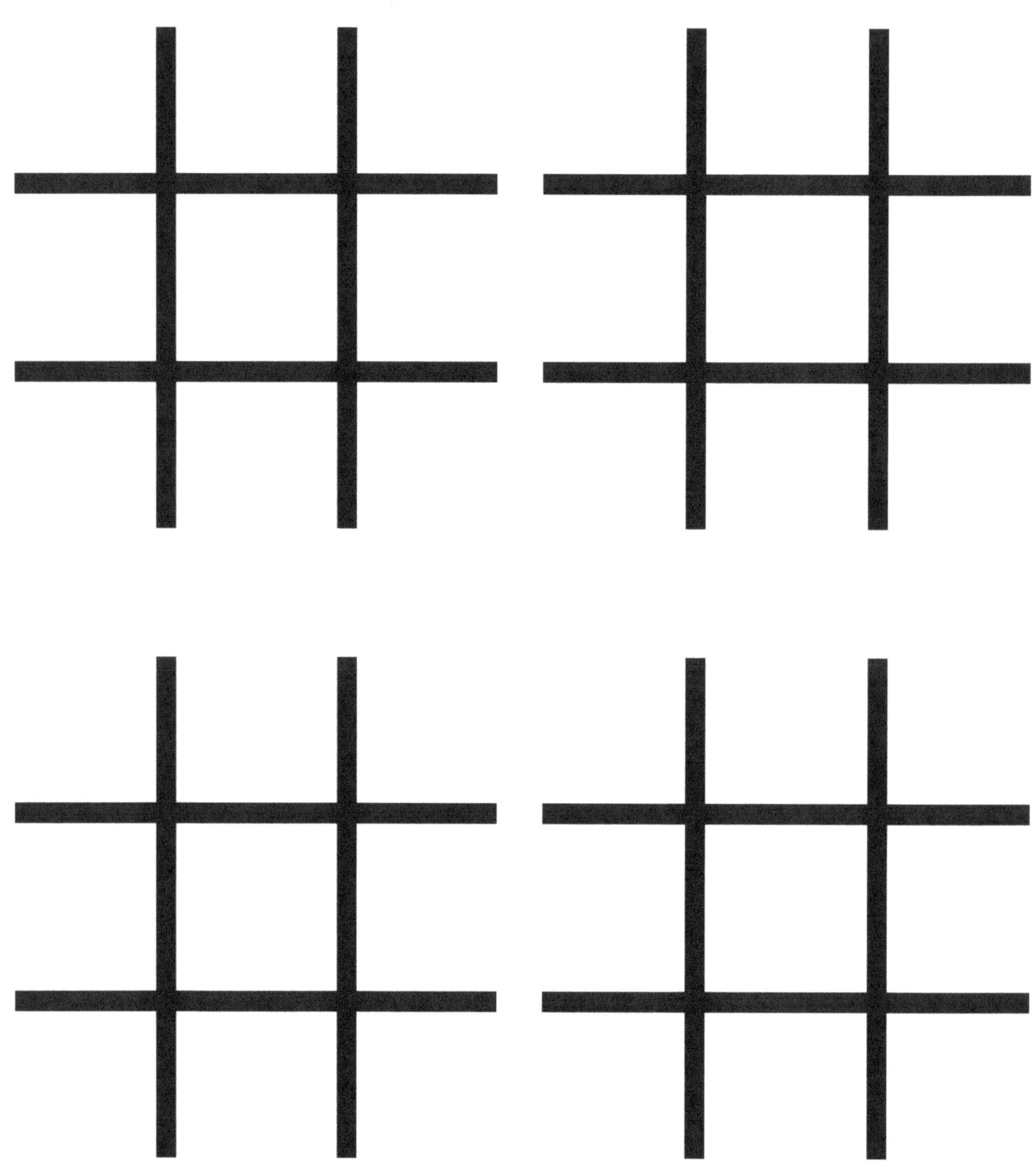

Tic-Tac-Toe

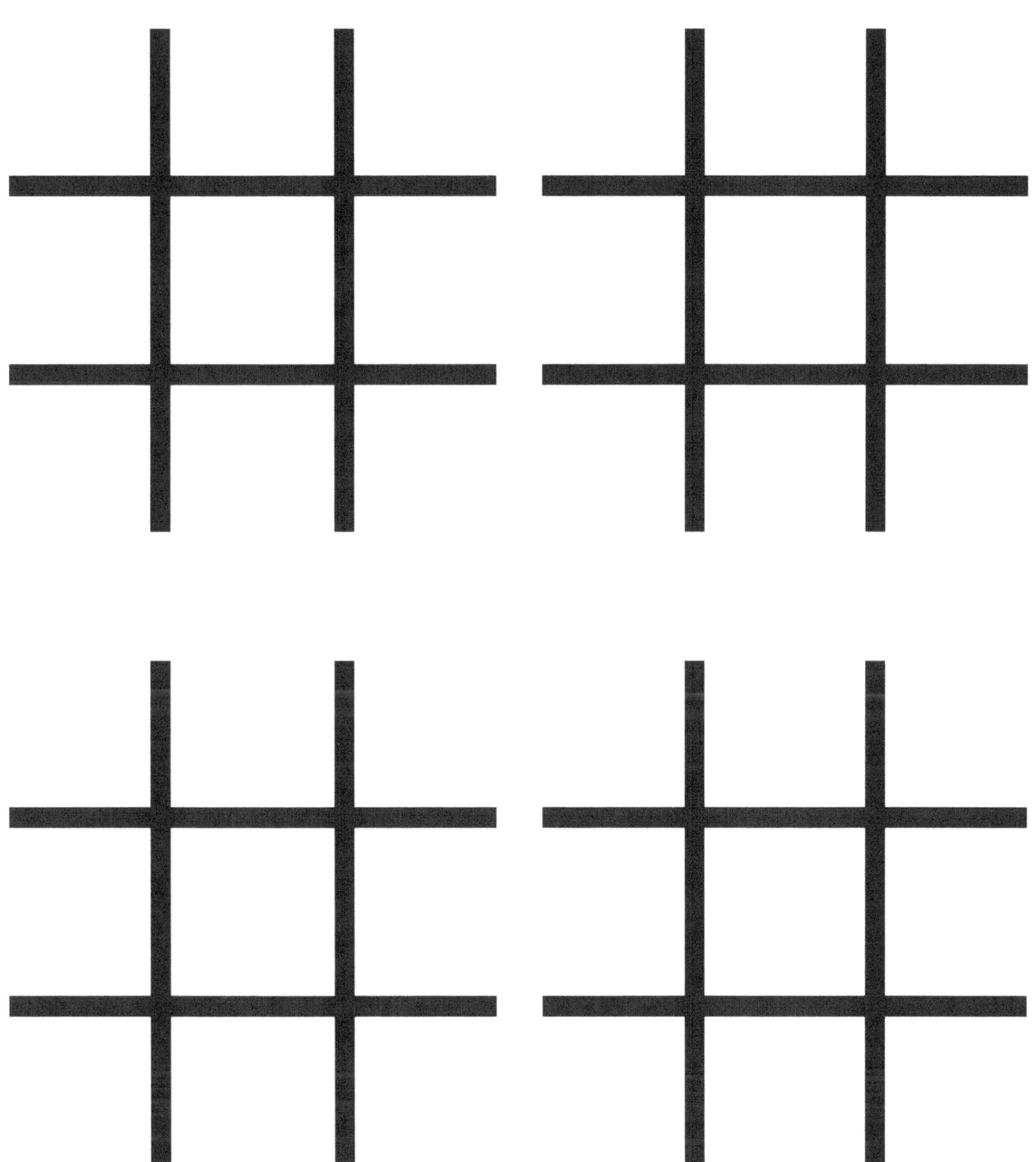

Tic-Tac-Toe

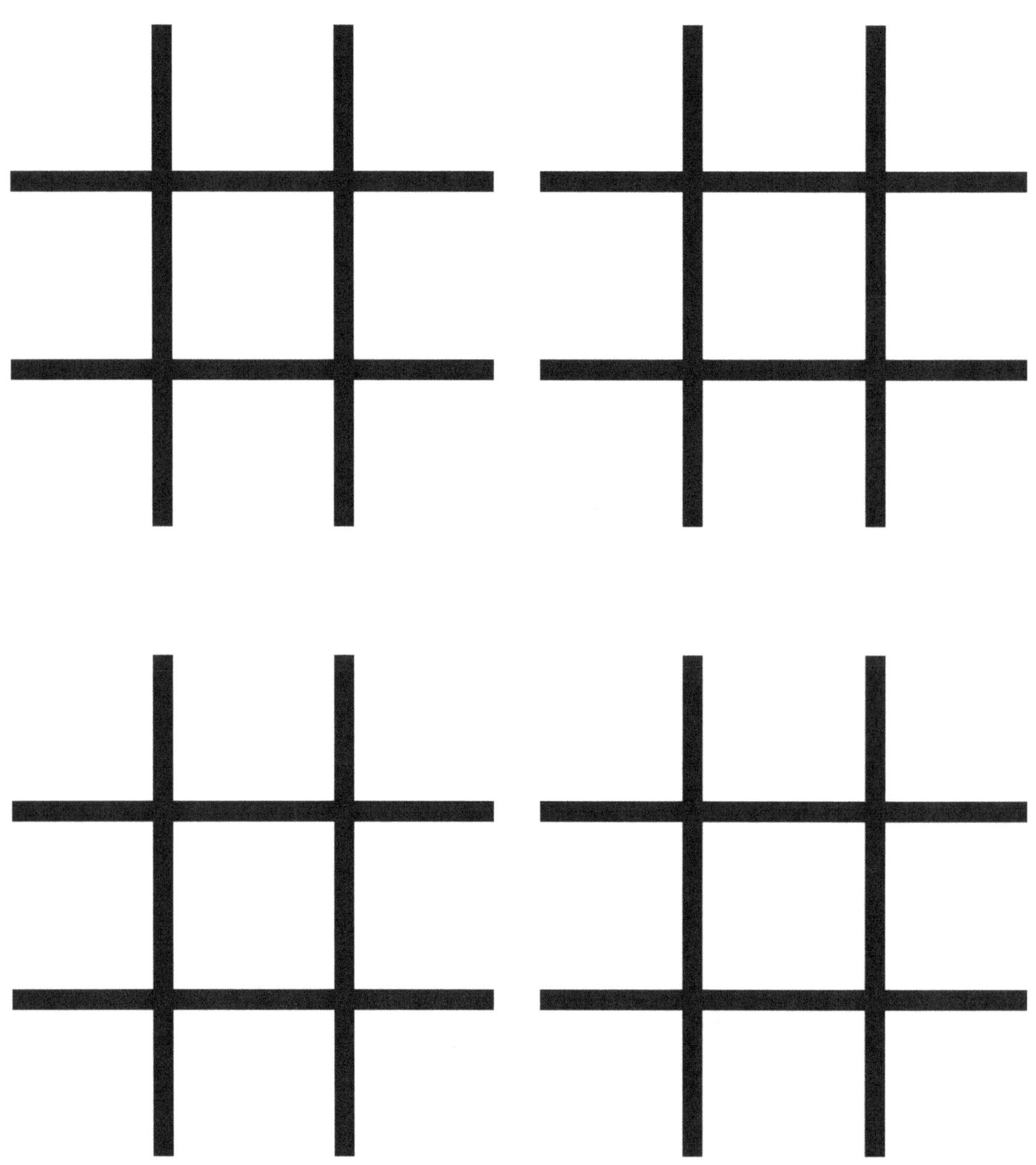

Coloriage Mandalas Animaux

Testez vos crayons de couleurs, feutres… sur cette page pour voir comment elles réagissent au papier. Placez une ou deux pages vierges derrière chaque page que vous coloriez, pour éviter que le papier ne déborde sur la page suivante

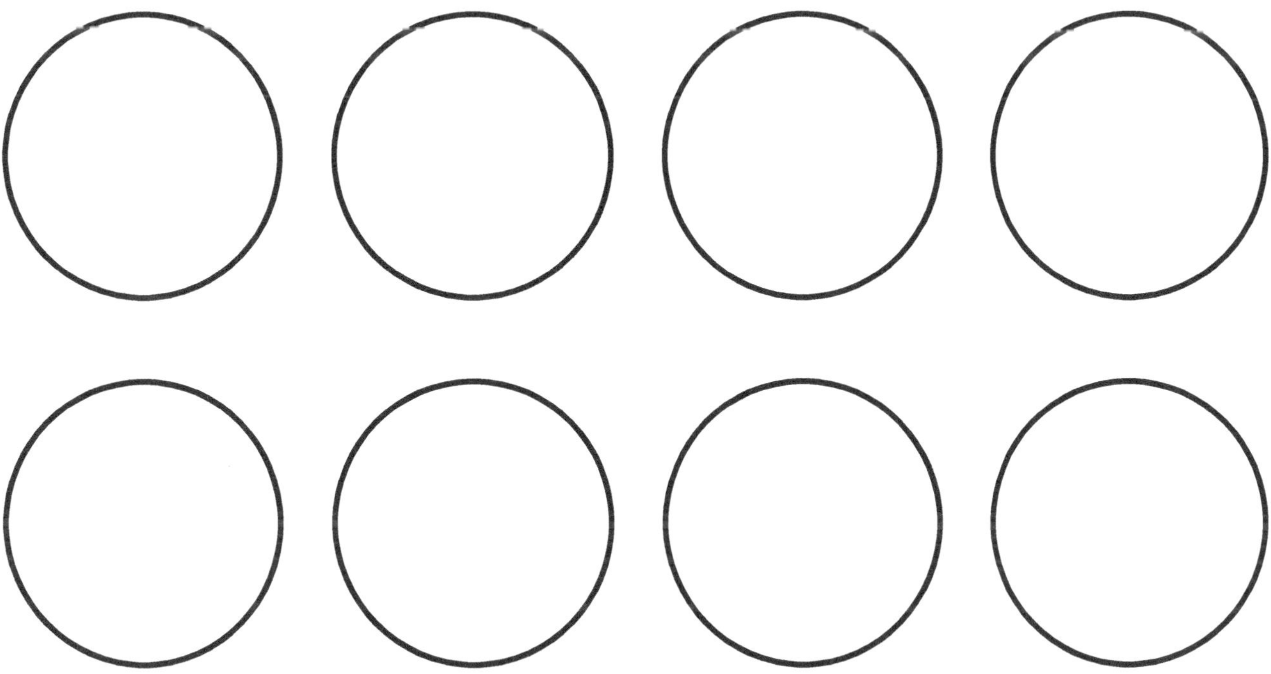